禪教你早晨不賴床，白天投入工作，夜晚歸零

禪棒喝

お坊さんになろう
こころが調う
朝昼夜の習慣

臨濟宗國泰寺派全生庵住持
平井正修 著

葉廷昭——譯

前言
一整天都是禪的契機

本書會介紹禪宗的修行生活和坐禪等知識，並且教導各位消除不安的靜心法門，幫助大家度過清靜又安詳的一天。

修行和坐禪不見得能用科學的方法解釋。那是許多人長時間身體力行，所培養出來的一種「習慣」。

如今，市面上有不少心理學和腦科學的「靜心方法」。不過我認為在面對心靈問題時，不是只有科學方法才管用。

經驗所淬鍊出來的智慧，才能讓我們擺脫不安，給予我們安詳生活的啟示。

而這份智慧，便是禪寺的修行和坐禪。

聽到修行兩個字，各位可能會以為要做什麼特別的事情，或是聯想到淋冷水、沖瀑布、持續斷食之類的事情吧。

不可否認，確實有一些很嚴厲的修行方式，例如比叡山的「千日回峰行」就是如此。電視媒體都喜歡播放嚴苛的修行景象，也難怪大家會有這種強烈的印象。

然而，我個人在臨濟宗的參禪道場修行過，當中的修行內容並沒有特異之處。其實說到我們的禪宗門人，經歷過修行並不代表就擁有什麼特殊能力。

對我們來說「不再把修行視為修行」才是重點。

修行僧是這樣度過一天的

我從平成二年開始修行（一九九〇年），總共修行了十一年。地點是在靜岡縣三島市的龍澤寺，那裡是臨濟宗的專門道場，我在道場裡過的是極為普通的日常生活。

不同職業有不同職業的生活模式，好比上班族、工匠、家庭主婦、學生……每個人都有各自的日常生活。同理，我經歷的禪宗修行，也純屬「修行者的日常生活」。

修行時，每天清晨三點半就要起床了，但那些送報員應該比我們更早起床，所以早起這種行為稱不上多特別。

起床後，我們要誦經坐禪，結束早課後享用早飯。接著進行掃除等各項「勞務」，做完再來享用午飯。

下午繼續忙於勞務，忙完就吃晚飯，再一次坐禪後就上床歇息。我們每天過得就是這樣的生活而已。

所謂的「勞務」，就相當於上班族的「工作」。

我參加的道場位於山林中，所以我也曾進入山中整治林木。附近也有稻田，我也幹過插秧除草和其他農活，當然掃除也不在話下。

白天就做這些「工作」，到了晚上就是坐禪和歇息——我們的生活真的很單純。

很多人都以為，「修行」等於「痛苦和忍耐」。的確，做任何事多少都需要忍耐，忍耐是在所難免的。

可是若在修行道場中一味忍耐，這也算不上修行有成。

根據臨濟宗的規定，只要有在道場修行三年的證書，就有資格成為住持。但每天數饅頭過日子，不停地忍耐再忍耐，等到離開道場後，應該就會馬上故態復萌。如果修行只學到忍耐，那還不如不要修行比較好。

為了避免這樣的情況發生，我們有必要在修行中轉化自己的心靈。

用小小的習慣來調和身心

一般人沒有住在道場裡，就算每天在家坐禪也很難辦得到。沒有體驗過坐禪的人就更難辦到了。除非有人帶你到寺廟坐禪，否則一個人嘗試坐禪有其難度。

首先，一般人不知道坐禪的正確姿勢，也不曉得坐禪時腦袋該思考什麼才好。況且家中是日常生活的空間，不太容易集中注意力。

所以，請各位著重「習慣」二字，我們禪僧每天坐禪是很自然的事。同樣地，小小的行為養成習慣，每天奉行而不問理由，這又稱之為例行公事。

在日常生活中刻意養成習慣，像禪修一樣持之以恆，也許你一開始會覺得很麻煩，久而久之就習慣成自然，不必再刻苦忍耐了。這便是禪修中「轉化觀念」的方式。

所謂的修行，是在鍛鍊身、心，以及習慣的基本。

養成良好習慣也等於在形塑生活，我們的內在也會自然調和。

本書介紹的是我們禪僧的習慣，也沒有什麼特異之處。再重申一次，這不是一種理論或科學方法。

我只能告訴各位，到頭來最重要的還是人心。

畢竟，各種行為皆是出自人心。

內觀自己的心境，盡量保持心態端正——這便是修行和坐禪了。

請參考我們的修行內容，稍微改變自己早、中（白天）、晚的習慣吧。本書共有四十六大項目，先找自己辦得到的項目來做也無妨。

希望各位可以從我們修行的習慣中，找出消除不安的靜心啟示。

目次

3 前言 一整天都是禪的契機

15 第一章 過上清新生活的「早晨作息」

16 鬧鐘響了就趕快起床
20 起床後馬上收拾棉被
24 調息
28 調整姿勢
32 關注無意識
36 打理身段
40 用心做早餐
44 吃飯就專心吃飯
48 確實說出「我開動了」和「多謝款待」
52 誠心打掃玄關和廁所
56 擺好鞋子
60 用道早安的方式改善人際關係

65
第二章 保持心靈平靜的「白天作息」

66 把工作當成修行
70 投入比思考更重要
74 用洗手的方式洗去心靈的髒汙
78 「直覺」和「邏輯」一樣重要
82 用「托缽」精神突破工作瓶頸
86 午休時間重整心靈
90 刻意餓肚子
94 試著關掉空調
98 團隊合作要有默契
102 該罵人時不要猶豫
106 當主管不要怕得罪人
110 秉持「和合」之心一起品茗

115 第三章 安穩結束一天的「夜晚作息」

116 要知道晚餐與早午餐有何不同
120 感受沐浴的可貴
124 不要安排「犒賞自己的時間」
128 每晚打掃房間
132 在固定時間上床睡覺
136 在被窩裡回顧一整天
140 試著否定「本我」
144 接受「辛苦得不到回報」
148 每天晚上捨棄「目標」與「夢想」
152 懷抱「不可能達到的目標」

157 第四章 調整心態的「禪宗思維」
158 不安源於自我
162 自行消除不安
166 有執著才會憤怒
170 不要改善不愉快或不方便的感覺
174 敏銳察覺自己的「物欲」
178 不要受制於「有形」
182 莫以為「跨越困難才會成長」
186 一輩子不斷學習
190 專心感受，捨棄本我
194 擁有自己的雛形
198 像小孩一樣活在當下
202 徜徉在時光之中

第一章

過上清新生活的「早晨作息」

鬧鐘響了就趕快起床

相信不少人鬧鐘響了還會賴床，想在被窩裡待久一點，其實我也有一樣的毛病。

在修行道場有負責叫大家起床的人。每天早上一到固定時間，那人就會搖著鈴鐺四處大喊「開靜」（「靜睡開覺」之意，就是佛門叫人起床的用語）。

我們所有人都一起睡通鋪，所以時間一到就必須乖乖起床，沒有人敢繼續賴

床。

日文有句話說「坐半疊、睡一疊」（意指人類生活起居簡樸就好，不需要太大空間），這句話正好是集體修行的生活寫照。我們禪僧的私人空間頂多就一塊榻榻米大小，只夠我們鋪棉被睡覺而已。

這樣的空間就夠用了，不需要更大的空間。

一起睡通鋪的人數，最多的時候大約二十人，最少的時候也有五人左右。

起床時間通常是三點半或四點。時間一到大家就會被鈴聲吵起來。

睡醒後要先摺好棉被放到櫃子裡，我們從醒來的那一刻就有該做的事情了。

也可以說，我們有該做的事情才不得不起床。

鬧鐘設定在幾點我想是因人而異的，那為什麼我們需要設定鬧鐘呢？

這代表我們睡前就知道，隔天必須在某個時間點起來才行，而在那個時間點我們有該做的事情。假日沒有任何預定的話，我們是不會設定鬧鐘的。

會設定鬧鐘代表你當天有預定計畫，非得在某個時間點起床不可。換言之，你要先回想一下自己為何在清晨設定鬧鐘。

賴床有各式各樣的理由，例如身體十分疲勞、前一天喝太多酒等等。不過既然有預定計畫不得不起床，那還是早點起床比較好。

拖得越久反而越不想起床。鬧鐘響了以後，就不要再找理由賴床了，否則起床會變成一件很痛苦的事情。

鬧鐘一響趕緊起床還比較輕鬆。

一聽到鬧鐘的聲音什麼都不要想，直接爬起來就對了。

這是**縮短早上痛苦時間**的良方。

起床後馬上收拾棉被

在道場起床後要馬上收拾棉被、盥洗更衣，前往禪堂的指定位置坐禪。這段準備時間連十分鐘都不到。

總之一開始非常趕，**這麼趕的原因是避免自己產生多餘的心念**。

人只要稍有寬裕，就會做出不必要的事情。以金錢或時間為例各位就了解了，所以要盡量過得迫切、匆忙一些。

實際上，道場並沒有十分鐘的時間限制。大家盡快做完早上該做的事情，集合後就開始念經坐禪了。

動作太慢固然會被罵，但道場沒有規定明確的集合時間。基於集團心理的作用，沒有人想當姍姍來遲的那一個，自然就會急著做好準備了。

我認為「急」這個字在早上特別重要。鬧鐘一響就趕快起床，盡快辦好之後該做的事。**起床後拖拖拉拉的，做任何事都很痛苦。**

收拾棉被、盥洗更衣——這些都是必須做的事情。既然不得不做，就快一點完成。**在早上的作息中改變這個習慣，對你的一整天都有好的影響。**

起床後十分鐘的例行公事趕快辦好——什麼都不要想，盡快處理好就對了。

原則上，在道場早上是不刷牙的，頂多漱口而已。用手捧三次水來使用，這就是早上的用水量。

洗手、洗臉、漱口，這些舉動都用單手捧三次水來完成。

我修行的龍澤寺水資源豐富，多用也不會被罵，但說穿了我們還是「捨不得浪費」。

水也是有生命的。俗話說得好，一生能賺多少錢都是注定好的，用太多的話老了就沒錢用了。用水也是一樣的道理。

過度浪費就沒資源可用，要好好珍惜才行——就是這麼回事。

設立全生庵的山岡鐵舟（幕末時期文武雙全的名人，全生庵為臨濟宗寺廟），他拜的最後一個禪學師傅名叫由理滴水。

滴水師傅年輕時，曾在岡山的曹源寺修行。

他的師傅泡澡嫌水太熱了。於是他從井裡取水來，想要替師傅加水降溫。

加完水後，他隨手把剩下的水灑在地上，他的師傅氣得破口大罵。

師傅生氣的原因是，那些水還能用來灌溉草木，結果他什麼都沒想就倒掉了，這種心態是有問題的。

後來他就以「滴水」為名，警惕自己珍惜「每一滴水」，未有破戒。

現代社會扭開水龍頭就有水可用了，我也不是叫各位捧三次水來用就好。起床後十分鐘的例行公事，什麼都不必想盡快處理好就對了。不過，每一個行動背後都有其意義。

能夠不假思索、稀鬆平常地做出有意義的事——這就是禪學對於習慣的看法。

調息

早上有很多該做的事情，我建議各位**細數自己的呼吸**，讓心靈先平靜下來。

第一次參加我坐禪會的賓客，我也會告訴他們注意自己的呼吸，慢慢從一數到十，數完再回頭從一開始數。

這是一種名為「數息觀」的修行法，在辦公室或電車裡都能實踐。

有句禪語叫「**調身、調息、調心**」，意味著透過坐禪來調整體態和呼吸，心靈

自然就會跟著調和。不安、煩惱、憤怒、嫉妒等感情漸趨平淡，心也會平靜下來。

一旦不安湧現心頭，就算你有意靜心也很難辦到。相對地，**身體和呼吸可以順自己的意思調整**，所以請先著重呼吸吧。

「從一數到十」便是調息的方法之一。

最好要練到不必細數也能自然調整呼吸的境界，但一開始專心「從一數到十」，即可在無意間掌握理想的呼吸狀態了。

有些人很快就數到十了，這種人要**放慢呼吸的速度**，盡量拉長每一數的時間。緩慢而綿長地深呼吸，這樣數到十的時間就會變長了。

坐禪時腳會越來越痛，當你的注意力快要轉移到下盤時，請專心呼吸。

臨濟宗坐禪是不會閉上眼睛的，而是半睜眼。沒有完全打開、也沒有完全閉起來，視線落在前方一公尺處的榻榻米上，但沒有刻意關注任何東西。曹洞宗是對著牆壁坐禪，以見而不觀的方式凝視牆上一點。

由於我們看的是榻榻米，也沒有什麼好專注凝視的。儘管眼睛看著榻榻米，卻會自然形成什麼都沒在看的狀態。

要集中注意力，必須有標的才辦得到，然而**在空無一物的房間裡坐禪，唯一能集中的就是呼吸了。**

我想大家很少留意自己的呼吸，畢竟呼吸是無意識的行為。偶爾試著留意自己的呼吸，好好吸氣和吐氣，看看自己的呼吸是否得宜？然後試著吐出更綿長的氣息，你吐氣時是用鼻子還是嘴巴？吐完又得吸氣，你是吸一小口還是一大口？

在日常生活中調息，不妨閉上眼睛避免被其他事物影響。專注在自己的呼吸上，搞不好一些很複雜的問題就變得沒啥大不了了。

我們常勸人「歸於空無」，其實一下子要踏入空無之境也不知該從何下手。一般人並不清楚「空無」是什麼樣的狀態。

所以要先講求呼吸，盡量斷絕其他的資訊干擾。先集中在自己的呼吸上，專心吸氣吐氣就好。

換言之，你要感受在狹小的坐禪空間裡，確實有自己的存在。說不定你會感受到，那是屬於你自己的歸宿。

到時候就會恢復平穩的心靈，不再有不安與憤怒了。

調整姿勢

「調息」是在調整呼吸，「調身」則是調整姿勢之意。**一同調整呼吸和姿勢，有助於平復紊亂的內心。**

來介紹一般的坐禪姿勢好了。首先在屁股下面放一塊坐墊（對摺後稍有高度，坐起來也比較舒適），盤腿而坐。

屈起單腳（哪一腳都沒關係），將腳踝放在另一隻腳的大腿根部上。另一隻腳

法界定印

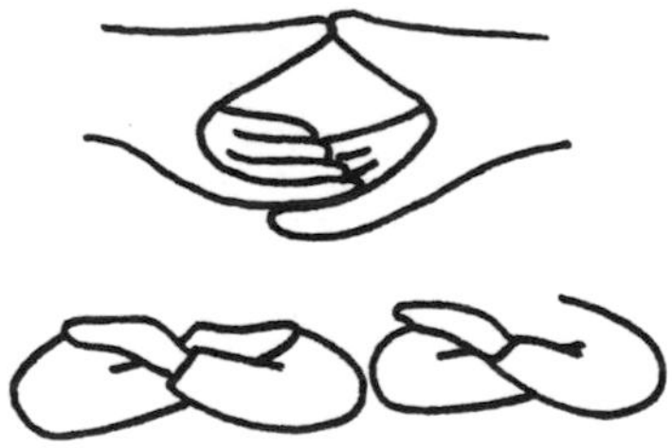

結跏趺坐　半跏趺坐

彎起來放在下方，這稱為「半跏趺坐」。

另一種則是把下面那一隻腳的腳踝，放在上面那一隻腳的大腿上，則稱為「結跏趺坐」。坐習慣以後盤起雙腿反而舒服，一開始先嘗試「半跏趺坐」就好。

如果這樣還是太辛苦，那改用跪坐或坐在椅子上也是可以的。我是希望各位先挑戰一下半跏趺坐。

腿盤好後就來調整姿勢，請以骨盆向前推的方式，伸直整條脊椎。頭顱要放在脊椎的延長線上，稍微壓低一點。

手掌的交疊方式眾多，這裡先介紹最普遍的「法界定印」。

右手微開掌心朝上，置於下腹部一帶。左手掌心朝上，置於右手之上，兩手的手指疊在一起。兩隻大拇指要處在若即若離的位置。

再來放鬆全身力氣，但**腰部要穩定，脊椎保持正直。**這便是坐禪的姿勢了。

聽到「坐禪」這兩個字，大家可能會想到「警策」對吧？所謂的警策，就是和尚拿來敲人的木棒（用來警惕坐禪的人專心致志）。

其實很多人忽略了一個事實，臨濟宗的警策並非懲罰。除非坐禪的人主動要求，否則和尚不會拿木棒敲人。不想被敲的話也無所謂，自己決定就好。

在坐禪的過程中，有時我們會犯睏或姿勢不端，不然就是心生雜念，無法專心坐禪。禪修者可以雙手合十，暗示巡視的和尚幫忙。

和尚會走到禪修者面前，同樣用雙手合十的方式，告訴禪修者要動手了。禪修者保持合掌的姿勢彎下腰來，和尚就會在對方肩上敲幾下，敲完後合掌致意。

姿勢若不端正，心靈是無法靜下來的，這就表示一開始坐下時，臀部的位置或腳的疊法有問題。當你在意那些姿勢上的問題，就難以專注在呼吸上了，所以要拜託和尚幫忙警惕，重新集中在坐禪上。

坐禪這種事情沒辦法完全用科學說明，比如為什麼要刻意用半跏趺坐或結跏趺坐來折磨自己的雙腿？為什麼雙手要結印？警策又有什麼樣的效果？這些都是很難用人體工學或心理學說明的。

這些方法是經過漫長的時間淬鍊，所培養出來的「最佳坐禪法門」。

有機會到寺廟裡坐禪是最理想的，不然**在日常生活中融入一部分的坐禪法門也可以。**

請調整姿勢，專注呼吸吧，相信一定有平息內心不安的效果。

關注無意識

坐禪的「調息」是指留意自己的呼吸，這當中有很深的含意。那就是關注自己內心的無意識。

呼吸是我們有生以來未曾中斷的行為，我們在無意間反覆地呼吸著。

現在我們要去關注這份無意識，這也是重新留意自己無意之舉的好機會。

請留意自己的呼吸，有時會感覺「吐氣與吸氣」動作有不自然的地方。

例如，你可能會發現自己吐氣方法有誤，或是吐氣的時間變短等等。**專注呼吸也是在面對自己平常沒有注意到的問題。**

這些念頭一旦浮現，偶爾會造成呼吸紊亂。時常關注自己的呼吸，久而久之你就知道該怎麼吸氣吐氣了。

重點在於好好關注自己的無意識。

這就好比你一直視為好友的異性跟你告白，你意識到對方的好感以後，就再也維持不了過去的交友方式了。

反之，當你對一個原本相安無事的對象心生「反感」後，就沒辦法像以往那樣跟對方交談了。

這兩者都是心有所思的關係。人類是由身心兩部分構成的，在無意識的情況下身心得以保持均衡，當我們心有所思就不再均衡了，失去均衡就會產生不安。

請關注自己的無意識吧，你會發現身心應有的均衡，**了解自己最自然的面貌。**

以跪坐的姿勢來說好了，大多數的人都是無意識跪坐在地。劍道則有「左坐右起」的訓示，意即先用左腳坐下，起身先用右腳站起來，這是考量到拔刀的技巧。不過我們僧侶是兩腳同時跪坐，畢竟僧侶穿的是和服，跟劍道穿的褲裙不一樣，沒辦法雙腳分別跪坐在地。

然而，什麼都沒想就直接坐下來，跟你學到某個坐法後刻意執行，這兩者的意義是不一樣的。劍道的坐法和僧侶的坐法各有其意義，久了自然就養成那樣的姿勢。

很多無意為之的事情，其實也有其意義，差別只在於你有無意識到而已。

即便結果或形式相同，先在自己的心中思考消化一遍，才有機會更上一層樓，做起來也比較游刃有餘。

日文有句古語叫「一病息災」，意思是稍微有點小病痛的人，會特別照顧身體健康，所以反而比健康的人更加長壽。

「息災」是借助神佛之力消災解厄的意思。

平常我們都不關心自己的身體，直到生病或受傷才知道健康的重要性，才會開始關注自己的健康。

我們活在眾多的無意之舉中，關注這些無意識，才能掌握自己心靈的動向，就好比生病的人比健康的人更關注身體一樣。

請先從呼吸做起，好好關注自己的無意識吧。

打理身段

我們每天早上都會更衣。

請留意一下那段時間。

服裝這種東西，跟你在什麼場合、做什麼事情有關，你必須選擇合適的衣服才行。

男性上班族每天早上出門前都要穿西裝打領帶。同樣地，女性出門前也要依照當天前往的地點和碰面對象，挑選合適的衣服。

美觀和時髦反倒是其次，我們穿衣服都要考量行動和場合。

反過來說，**打理好服裝儀容也等於是在調整行為**。換衣服象徵睡眠時間已經結束，再來要開始努力工作了。

打理好服裝儀容，是在替下一個行動做好準備，同時也是採取行動的契機。從這個角度思考，我們自然不敢怠慢了。

在修行道場中，平常大家都穿一種叫「雜衣」的和服。

我們不會特地穿睡衣，而是直接穿雜衣睡覺。早上盥洗完畢後，就在雜衣外面套上一件僧衣，因為還要念經。

這就跟打領帶上班，或是到工廠穿作業服一樣。

念經時穿僧衣——這個行為沒有太深奧的意義，純粹是約定俗成才這樣做。

當然，不穿雜衣念經也有收斂心神，把這份心意化為形式的含意在。究竟是更衣後才收斂心神，還是為了收斂心神而更衣，這前因後果我也說不清楚。

只是，衣服和行為確實是有關係的。

而在祭祀、葬禮、法事等場合念經，還要換上特別的衣服。那些衣服是比平常的服飾更嚴肅一點，這麼做也是用有形的方式，提醒自己「接下來要參加特別的儀式」。

留意服裝或美觀是一件好事，畢竟那會影響到各位的行為。然而，有些場合是不必講究美觀的。

一大清早請打理好身段，依照行動和場合挑選衣服吧。

養成此一習慣以後，對於生活中每一項行動也就不會迷惘了。

用心做早餐

吃早餐對健康非常重要，不過我建議各位親自做早餐食用，主要是**希望各位用「細心」的態度來展開一天的生活**。

我父親的師傅名叫山本玄峰，號稱是「昭和時代的傑出僧侶」。他經常告誡僧眾，凡事多細心，不要窮操心。

不管是職場或家庭生活，缺乏「細心」的特質是不會順遂的。人與人相處，絕對少不了「細心」。反過來說，凡事「細心」人際關係多半一帆風順。

而動手做早餐這件事，有很多培養「細心」的要素。

每天早上用心做早餐——這是一種培養自己「細心」的習慣。

在禪宗的寺廟裡，廚房又稱為「典座」。理由在於廚房是最容易積德的場所，也是最容易失德的地方。

廚房不只是掌握修行者健康的地方，在廚房浪費任何食物，也等於是在浪費生命。這就是廚房之所以容易失德的原故。

思考如何活用一粒米、一片蔬菜、一根麵條，便是所謂的「細心」了。浪費這些食物，說穿了就是沒有「細心」。

在修行道場是大家輪流煮飯的，負責煮飯的通常有兩個人，分別是伙頭和「固培」。

「固培」指部下、見習生、新人之意，在福井方言中「固培」有「不遜」的意思，也有可能是源自方言的字眼吧。

這兩個人清晨三點半要起床，念完經就開始準備早餐。早餐時間是六點，所以他們必須在其他人早上五點坐禪時，到廚房裡幹活。道場的各種勞務是每半年輪替一次，幾年內所有人都會擔任典座。

早餐每天都是稀飯配蘿蔔乾和梅乾。

吃完早餐就開始掃除。由於吃完飯就要立刻幹活，因此吃清淡一點比較好，從這個角度來看倒也合情合理。

一日之計始於「細心」，每一天請從用心做早餐開始吧。

吃飯就專心吃飯

禪語有句話叫「喫茶喫飯」，意思是喝茶時就專心喝茶，吃飯時就專心吃飯。這跟坐禪是同樣的道理，喝茶吃飯也要用志不分，不抱多餘的心念。單純地喝茶，單純地吃飯就好。

我們在日常生活中，很多事情都是一心多用。各種大小事掠過我們的心頭，可

能前一刻還在思考今天要和誰碰面，下一刻就煩惱今天要穿什麼了。一下要關心小孩子心情不好，一下又要忙著收衣服。

要完全消除這些雜念是有困難的。

不過至少**吃飯時要跟坐禪一樣，專注於眼前的食物，心無旁騖地吃飯就好**。吃飯時玩手機是很要不得的。

光是養成這個習慣，心靈就能獲得一時的平靜和淨化。

在道場吃飯有很繁雜的規矩。

例如配膳的時候，大家要拿著自己的餐具進入食堂，這又稱為「持鉢」。然後那些負責配膳的人，會把食物發到大家的餐具裡。

食用餐點的順序也有規定（當然早餐只有稀飯），蘿蔔乾要吃乾淨，吃完要洗淨餐具。

吃飯時不可發出聲音，嚴格來講，吃蘿蔔乾不可能完全沒聲音，但這也是發揮「細心」特質的場面。

拿筷子也有講究，大力放下筷子是很粗魯的舉動，代表你不細心。不消說，拿筷子的方式有誤也會被糾正。練習的方法是用筷子把豆子夾到碗裡面。

筷子和餐具也不得發出碰撞聲，放下餐具時也一樣，喝粥更不能發出吸吮聲。

最後用完餐時，要以蘿蔔乾擦拭飯碗，並且倒入茶水飲用，以洗淨飯碗。我們不會到流理台洗碗，整理就到此告一段落，這便是從吃飯到整理的過程。

這些用餐的步驟都是固定的，每次都一樣。

入座後開始念經等待配膳。分到食物後專心食用，留意筷子的拿法，避免發出噪音。清理完餐具後再次念經，這才算完成一整個流程。

事先規定吃飯時的舉措，專心遵守那些行動規範，就能拋棄雜念重整心靈了。

這是反求諸己的「細心」，而不是顧慮別人的細心。我們不是為了討好別人，純粹是為了調整自己的心靈才這樣做的。

確實說出「我開動了」和「多謝款待」

吃飯時請說出「我開動了」和「多謝款待」。就算自己一個人用餐，或是吃自己煮的飯時，也不要忘了說出口。

在禪寺裡我們不會說「我開動了」和「多謝款待」，吃飯時是禁止發出聲音的。

相對地，我們每次吃飯都要念經，念經就相當於說出那兩句話。

吃飯是為了修道，好不好吃並不重要，重要的是調養自己修行的身體。

俗話說「衣食足而知禮節」，除了這一層用意之外，我們是要活動身體才吃飯的。

另外，攝取基本食量調養身體，也是避免心生惡念的手段。

換言之，防止貪念、偷盜、不重視他人物品的惡念，也是吃飯的一大目的。

早餐和中餐要念不同的經文，分別是「五觀之偈」（又稱「五觀文」）和「般若心經」。

「五觀之偈」的內容如下：

一、思考食物從何而來，感謝化育食物的人。

二、反省自己平日的言行，想想自己是否有資格享用食物。

三、保持心念正直，不做錯誤的舉止，發誓不犯「貪、嗔、痴」三毒。

四、食為良藥，吃飯目的在於修養身體和獲得健康。

五、吃飯是為了修道。

眼前雖然擺有許多伙食，但這些食物在端上餐桌以前，經過很多人的細心栽培。我們要先感謝那些人。

攝取最低限度的伙食，以免心生歹念，吃飯是要成就修行和調養身體。

在道場吃飯，早上是吃稀飯配蘿蔔乾和梅乾，花不了多少時間。吃完可以再添一碗，但最多也就吃三十分鐘，吃完就要念經了。

飯前飯後念經，就相當於「我開動了」和「多謝款待」。

念經是在反省自己的行為，是否合乎經文的教誨。有句話叫「古教照心、照心古教」，**閱讀書籍或經典，都是在照見自身言行。**

意思是，我們要說出「五觀之偈」的內涵，或是說出「我開動了」和「多謝款待」，這才是重點。

誠心打掃玄關和廁所

養成一大早打掃的習慣，會提升我們整頓居住環境的意識。
掃除是在打理食衣住行中的居住條件，**整頓居住環境是調養心性的一大關鍵**。
許多公司規定早上要先打掃職場，想必也是知道環境有改變心靈的作用吧。

早上出門之前難免比較倉促，但請花五到十分鐘打掃家中的某個地方吧。例如

今天打掃玄關、明天打掃廁所，請養成這種稍微打掃家裡的習慣。

在所有家事之中，掃除是特別容易偷懶的項目。反正晚點再來做，也不會馬上產生什麼大問題。就算我們下班或週末有心打掃，也可能因為疲勞或其他預定計畫而延宕。

與其這樣，不如早上花十分鐘打掃某一個地方就好。如此一來，你就會知道哪裡有髒汙需要整頓清理，好比地板的髒汙要擦乾淨，鞋櫃要整理好等等。

即使沒辦法花太多時間大掃除，只要**留意下一個必須清理的地方，「維持居家整潔」的意識就能持續下去了。**

在禪宗道場，吃完早飯要立刻打掃建築物內部。每天大家會分工合作，把每一個場所都打掃乾淨，掃除就像是工作一樣。

早上的掃除時間是一小時，當然這也要看「雲水」（修行僧之意）的人數。負責管理的和尚會決定每一個人要打掃什麼地方。

順帶一提，修行道場中不重視年齡或學歷，較早入門的人地位較高。道場中的上下關係很明確，哪怕只是早入門五分鐘，早入門的人就是處於高位。

早上一個小時的掃除時間，要把建築物內部全都打掃乾淨，包括房間、走廊、廁所、浴室等地方。

正殿或走廊是所有人一起打掃的，榻榻米用掃把清理，木製走廊則用抹布擦拭乾淨。由於走廊很長，所有人都要費一番功夫清理。

至於廁所和浴室採分工合作的方式，花一個小時自然要細心打掃。窗框或門縫這種小地方的打掃工作，會另外擇日進行。

早上掃除的時候，**修行僧心中沒有其他雜念，就是想著「掃除」而已。**

專心掃除，並且養成習慣。

擺好鞋子

早上不要光打掃住宅，最好連辦公室也一塊打掃。在處理工作之前，先整理好辦公桌，稍微擦拭乾淨也好。環境變整潔後，就會進入專心工作的模式了。

打掃辦公環境同樣少不了「細心」，**除了打掃自己的專用領域以外，也打掃一下大家共用的空間吧。**

例如主動清理垃圾桶的垃圾，把碎紙機裡的紙屑拿去倒。走廊有垃圾就撿起

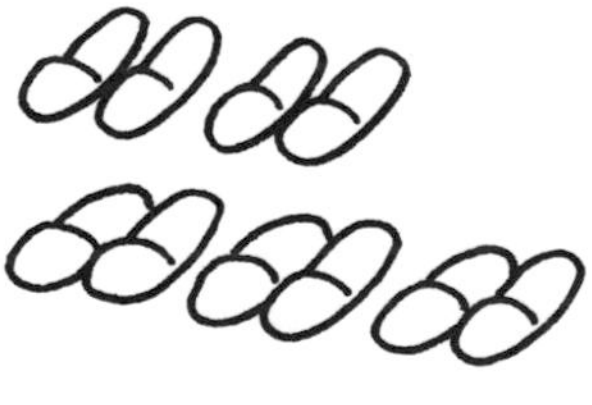

來，廁所的洗臉台髒了就擦乾淨。

當你積極去做這些事情，久而久之就會養成「細心」的特質了。

二〇〇八年去世的曹洞宗永平寺住持宮崎奕保師傅，也是曹洞宗的宗主，他曾經在電視節目上說過一段話：

「離開浴廁的時候，把自己的拖鞋擺好是理所當然的事。如果別人的拖鞋歪了，什麼都別想直接擺好就對了。

看到別人的拖鞋擺歪了卻置之不理，這代表你的心不端正。」

簡單說，看到別人的東西亂了也要擺好，不能視而不見。

實際在掃除的時候，只要專心做好眼前的打掃工作。不必刻意追求美觀，也不要因為髒了才打掃，更不要只打掃自己的東西。

做任何事情都要專注自己手邊的工作，到頭來就會「細心」了。

我們在道場能夠「心無旁鶩地專心掃除」，或許是大家一起打掃的關係吧。大家都在掃除時，你不可能去做其他事，也沒辦法挑自己想做的工作。

吃完早飯念完經，所有人就會自動開始打掃。這是道場的習慣，我們純粹是遵循習慣作息而已。

養成習慣是不需要理由的，重點是**專心去做就對了**。

以前我在龍澤寺修行，一到夏天常有高中生來。他們來的原因是行為偏差，本來應該要被退學，在寺廟待一個夏天可以減輕處分。

這些孩子的本性不壞，在道場跟我們一起共同生活，就得遵守道場的規矩。

所以，我們會徹底「關心」這些孩子。早上他們爬不起來或工作偷懶，就要進行徹底的指導。這樣他們就不得不一起活動，用這種方式改變行為才是關鍵。

無論改變的契機是什麼，行動一改就會養成習慣。

最終，就會產生體貼和細心的特質了。

用道早安的方式改善人際關係

假設你昨天跟別人吵架了，就算不到吵架那麼嚴重，至少處於一種尷尬的關係。

而今天你不得不跟對方碰面，只要是人難免都會心懷芥蒂，彼此要看對方的臉色來度過一整天，這當然不是一件愉快的事情。

既然都過了一整天，請消除這樣的情緒吧。早上碰面的時候，不妨開朗地向對方道一聲早安。

或者在碰面的那一刻，主動向對方道歉也好。對方也許早就忘了昨天的事情，那也沒有關係。

記得主動道早安就對了，**一天之中只有早上能改善彼此的關係。**

如果對昨天的事情心懷芥蒂，在早上不期而遇的話，就會產生一種「先打招呼就輸了」的心情。

其實這點小事根本無關輸贏，但人類就是這麼麻煩的生物。所以，請主動打招呼改善彼此的關係，以嶄新的心情度過一天吧。

早上主動道早安，從「淨心」的角度來看和坐禪有異曲同工之妙。**這就跟坐禪一樣，是捨棄自身心識的一大機會。**

當我們執著自我的時候，就會把對方當成壞人，例如對方跟我們意見不同，就以為對方是故意在唱反調。

這時候請在早上捨棄我執，老實承認自己的錯誤吧。

執著自我就會產生敵人，**沒有自我就沒有敵人**。

當然，每個人都是自己人生的主角，我們不是在度過別人的人生。

然而，這不代表你的「判斷基準」就一定是正確的。雖然你身為自己人生的主角，但不等於「自己是最正確的」。

這在過去稱之為「器度」。人類對某一件事情感動，說穿了與事件本身無關，純粹是自己的主觀意識在感動。人類是在自我的範疇中，也就是以自身的「器度」去理解一件事，並且產生感動的情懷。

再優秀的大學教授，也不見得能跟幼稚園的小孩子溝通。擅長跟幼稚園小孩溝通的主要還是幼稚園老師，這就是幼稚園老師的「器度」。

我們的「器度」不可能對所有人都適用。當我們遇到「器度」不同的對象，難免會發生爭執或尷尬的狀況。

每天早上主動道早安，認清自己的「器度」，每天慢慢培養更大的器度吧。以惡劣的心情度過一天是沒有任何好處的。

第二章

保持心靈平靜的「白天作息」

把工作當成修行

對上班族來說，工作多半是別人付予的，或是倒楣落到自己頭上的東西。事實上很少有工作是我們願意主動去做的。

工作本來就是這樣的東西，也許大家可能會想，為什麼自己必須處理討厭的工作？面對討厭的工作，都是心不甘情不願地去做，而且別人交辦的工作根本毫無成就感。

不過，這種煩惱沒有什麼意義。

禪寺中有所謂的「勞務」工作，亦即掃除寺裡寺外，去外面托缽或幹農活等等。除了念經或坐禪以外，僧人要不是在吃飯睡覺，不然就是在處理勞務。

道場的勞務也沒有道理可言，我們也不明白為何而做。只是有工作該處理，我們就乖乖去處理罷了。

專心處理眼前的工作，一切從這裡開始。

在道場起床後要先念經，吃完早飯繼續念經，念完經就處理打掃工作。大約是從六點二十分開始打掃一小時，掃到七點二十分左右。

掃除完成後的日課每天都不一樣，有時候要外出托缽，有時候要打掃戶外，也有處理農務或修剪山林的工作。

當天要做什麼都是事先決定好的，吃完早飯後會公布當天預定的工作，所有人再一起處理那些勞務。

不同季節有不同的既定作業，四月每天要去採竹筍。寺廟後方有一片竹林，我們從早到晚都要採筍，或是砍伐長太高的竹子。連續好幾天工作內容都一樣。

上午的勞務一直持續到午餐時間，午餐時間是十一點，等於我們花三個半小時的時間在採竹筍。

至於為何要挖竹筍，沒有人告訴我們。反正有竹筍我們就採，有竹林要修剪我們就做，如此而已。

除此之外，大家對工作也沒有其他想法（例如想要幫助別人，或是找出成就感等等）。

眼前有該做的事情，所以就去做。

這才是工作的本質。

當上「典座」負責烹飪，有半年的時間不必處理其他勞務，專心擔任典座就好。像典座這種負責堂內工作的人，又稱為「常住」。擔任常住的期間是比較特殊的。

他們各自處理堂內的工作，不必處理戶外的勞務。像典座就是從早到晚專心煮飯。

這跟公司裡的業務、經理、人事、總務差不多。每一個職掌都有自己的任務，分配到什麼工作就去做什麼，不需要任何理由或原因。

投入比思考更重要

同為禪宗，曹洞宗和我們臨濟宗的坐禪方式就不一樣。

首先是打坐的方式，曹洞宗是面壁而坐，臨濟宗則是背對牆壁，面向眾人而坐。

利用坐禪的方式調和心靈，就跟師傅傳授弟子佛法是一樣重要的事情。曹洞宗講究「只管打坐」，意思是什麼都不必思考，專心打坐就對了，連要開悟都是一種

雜念，這又稱為「默照禪」。

相對地，臨濟宗的法門是「看話禪」，也就是師傅提出禪問，這又稱為「公案」。

所謂的公案是一種不合理的問題，例如「為何達摩沒有鬍子呢？」請大家試著回想達摩，達摩是有鬍子的對吧。然而，師傅卻問為何達摩沒鬍子，根本毫無道理。

修行僧要透過修行的生活，來參透師傅的公案究竟有何解答。參透答案後要去見師傅，進行禪學問答。

這跟「思考」不太一樣，光靠「思考」參透不出答案的。

我們都說公案是拿來「細觀」和「思辨」的。這有別於在腦海中思考，或是光靠思考來推算答案，換言之**要和公案合為一體，全心投入才行。**

例如在解方程式或算式時，光用邏輯思考就能找出合理的解答了。但公案不一樣，我們要放棄思考，和公案合為一體。

修行就是這麼一回事，修行中遇到的都是一些不合理的事情。你的腦海中會充滿問號，搞不清楚做那些事情究竟有何意義。

要解決這些疑問有兩個辦法，一是接受自己所在的環境，二是**完全融入自己正在做的事情。**

這就是所謂的「投入」了。既然沒有其他地方可去，那就專注於眼前的事物。掃除就專心掃除，採筍就專心採筍，種田就專心種田。我們必須在所處的環境中，跟眼前的事物合而為一。

就以剛才的公案來說，我們要試著跟達摩合一才行。從旁人的角度來看達摩，永遠無法參透公案。

自己要化身為達摩，靜心體會自己的鬍子究竟是什麼，才能找出答案。

臨濟宗的公案給我們一個投入的機會。在坐禪的過程中投入公案，等習慣坐禪後雙腿不再疼痛了，也要投入某件事情。

工作和興趣也是同樣的道理，**專心投入忘乎自我，對人類來說是最幸福的事。**

修行並不愉快，但投入以後就沒有快樂或痛苦了，那是純粹的修行。

用洗手的方式
洗去心靈的髒汙

人類做任何事情都要有意義才行，例如做一件事情擅自認定要有什麼結果，或是為了別人才去做某件事情。不過，**有時候拋棄行動的意義，專心投入也很重要**，這具有潔淨心靈的功效。

臨濟宗參透公案的坐禪方式，也稱為「梯子禪」。意思是參透一個公案後，我

們就像在爬階梯一樣更接近開悟了。

事實上，參透一個公案不代表你的人品會高人一等，這頂多是一個基準罷了，公案也是一種方便法門。

我擔任住持的全生庵，創建者是山岡鐵舟師傅，他說公案就像肥皂一樣。手髒了就要用肥皂來洗手，洗好要把泡沫沖掉，手才會乾淨。

至於曹洞宗的「只管打坐」，意指完全沒有髒汙的清淨狀態。當然，能常保清淨是最理想的境界，但人心難免會沾染髒汙。

所以臨濟宗使用公案當作心靈的肥皂，用肥皂洗滌，最後再把肥皂泡沫也沖掉。

淨心也是同樣的道理，古人詠過一首偈，裡面有兩句話「朝朝勤撫拭，莫使惹塵埃」。這是指每天要努力淨心，保持內心一塵不染的意思。

由於保持潔淨並不容易，我們才要使用心靈的肥皂。在參悟公案的過程中，體會每一個公案的意義，了解人心究竟是怎麼一回事。

我來介紹一個公案好了。

「隻手之聲」是在尋問參悟者，人的雙手互擊會發出聲音，那麼單手會發出什麼聲音？這是白隱禪師想出來的代表性禪門公案，他是號稱復興臨濟宗的江戶時期禪僧。

前面我提過的達摩何以沒有鬍子，這個公案又叫「胡子無鬚」，收錄在中國宋代編成的公案集《無門關》之中。

「隻手之聲」和「胡子無鬚」這兩個公案，都沒有那種一加一等於二的正確答案。你要在坐禪的過程中，試著去「參透」公案；或是反覆默念公案的問題，持續坐禪。

這不是用腦袋去思考理解，因為你想破頭也不會有答案。誠如前述，你要觀想自己跟公案合而為一，做到這一步才叫投入。

在你進入無心的境地，專注投入公案後，解答（或稱「見解」）自然就會出現了。

專心投入某件事情，才是淨心的關鍵。

「直覺」和「邏輯」一樣重要

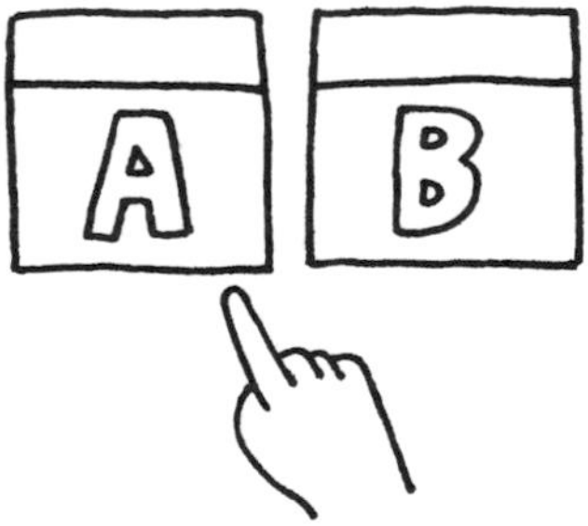

不論在職場上或人生中，許多人都想用邏輯推導出答案，以便輕鬆地活出「自我」。

他們會思考行動的理由，好比為何要行動，以及行動的意義；然後試圖解釋那些理由，替那些理由正當化。一定要得到最適當的答案他們才肯行動。

不過，人類做的事情幾乎沒有正解。如果無論如何都要找出正確答案，那麼所謂的正確答案，純粹是一時的正確解答，或是用來說服自己和他人的答案罷了。但這些答案，都稱不上永恆不變的真理。

假設有A和B兩個選擇好了，乍看之下A似乎不錯，但你說不出A好在哪裡；反之你不太喜歡B，卻可以說出個所以然來。

這時候，大家通常會選擇B，明明內心就覺得A比較好。

類似的情況並不罕見，待在組織裡就更常遇到了。

倘若選擇A獲得了不錯的成果，那自然是沒什麼問題了，反正你也不必說明原委。反之萬一選擇A失敗了，人家問你選擇A的理由，你根本回答不出來。

人們就是害怕沒藉口可用，才會選擇B的。

偶爾順從自己的直覺是很重要的。

很多時候順從直覺反而是正解，人生本來就沒有唯一解答，用「能否說明」來當選擇標準太奇怪了。

過去先人發明的東西，從現代人的角度來看雖然很普通，但在以前也是被當成不可能實現的事情。

例如飛機就是順從直覺而生的產物，按邏輯思考沒人想到鐵塊可以在天上飛吧。

當然，順從邏輯也很重要，好比使用金錢就是如此。再者，人類沒辦法獨自生存，在表達自我意見或一群人共同處理某個問題時，我們也需要邏輯和理性。

簡單說，關鍵是要掌握邏輯與直覺的均衡。

和尚常勸大家「歸於虛無、捨身忘我、反璞歸真」，就是因為一般人太重視邏輯了。

一味順應邏輯，未免活得太辛苦了。有時安排一段放空的時間，仰賴自己的直覺吧。邏輯與直覺獲得平衡，生活也比較輕鬆自在。

直覺在日文又稱為「直觀」，顧名思義是「作如是觀」的意思。我們很難客觀地看待或聆聽一件事情。

當腦海中有先入為主的觀念，就沒辦法如實接受自己觀察到的現象了。邏輯與理性反倒成了偏見，害我們指鹿為馬、顛倒是非。我們應該培養如實照見的能力。

有些情況下「思考」反而是阻礙，但沒有思考不代表你要腦袋空空。

例如坐禪或是在修行中勞動，要專心投入眼前的事情，過程中不要有多餘的雜念。

這種狀態才能發揮你的直覺。

用「托缽」精神突破工作瓶頸

修行僧除了「托缽」以外，基本上是沒有收入的。托缽得來的東西，是和尚唯一的生活依靠。

過去的和尚，沒有從事農業或林業這一類的生產活動。他們都是外出托缽，領受別人給予的東西來過日子。

所謂的托缽其實就是乞討的意思，又稱為「乞食行」。托缽主要有兩種方法。一種叫「連缽」，所有和尚一起走在固定的路線上，口誦「法雨」之聲。另一種叫「軒缽」，亦即挨家挨戶地念經，有點類似上門推銷的做法。有時候會被人潑水辱罵，被狗咬也是常有的事情。

以往的禪寺是靠托缽來維持經濟的，當然現在就不一定了，而這也是修行的一環。

不同的道場有不同的托缽規定，龍澤寺通常每個月舉行五次托缽，分別是二號、七號、十二號、十七號、二十七號。時間總共五個小時，從早上七點到中午十二點。大家會穿上僧衣、斗笠、草鞋等行頭，背著印有「龍澤寺專門道場」字樣的頭陀袋。

托缽時要捨棄自我，戴著斗笠雖然看不到臉龐，但一開始乞討難免會覺得害羞。

不過，捨棄羞愧之情也是托缽的修行。就某種意義來說，這是一種回歸佛教原點的修行方式。

想必各位都覺得工作很痛苦，你們一定會懷疑自己為什麼在做這種事情，或是想要找到更適合自己的工作對吧。

再者，拚命工作卻賺不了大錢，工作就會感到空虛又難過。

這時候請大家務必想起托缽的修行。

修行僧只是專注托缽而已，尤其連缽時走的路線都是固定的，因此很幸運地，會有一些善男信女主動提供幫助。唯有持續托缽，你才會了解別人的善意布施是多麼值得感謝的事。

這與金額的多寡無關，不論布施的金額是十元或五千元，托缽僧得到的布施，都是絕無僅有的寶貴緣分。

就算遇不到任何人，得不到任何布施，甚至被狗吠，這也是因為在固定的日期和時間、走固定的路線才會碰到的事情。

換句話說，**工作打從一開始就不要追求回報**，獲得布施純屬結果而已。我們只要默默做好自己該做的工作，沒有獲得布施也無所謂。

工作不單是為了賺錢，也不是為了獲得認同，更不是拿來自我滿足的東西。

單純地工作——這才是處理工作本來的態度。

午休時間重整心靈

很多人從事朝九晚五的工作，這段時間等於是奉獻給公司，或者說是奉獻給工作，沒辦法做自己喜歡的事情。

換言之，這是一段被公司束縛的時間。既然是拿錢工作，當然就得按照規矩來度過這段時間了。

不過，實際上我們還是需要一些私人的時間，例如吃飯或是處理私事。午休就是用來做這些事情的。

「公」「私」時段最好要分清楚，但很多人都把這兩者混淆了。

認清午休是「私人」時間，那麼想當然，除此之外就是「公務」時間了。

在修行道場，每天的午餐時間大約是十一點，也就是勞務結束以後，用餐時間三十分鐘左右，飯後有一個小時的休息時間。這就相當於上班族的午休了。

這段時間我們會用來洗衣服。

一般修行僧通常各有三到四件夏季和冬季的勞務衣。

勞務衣並非所有人都一樣，而是各自準備的。在修行過程中，穿勞務衣和僧衣的時間各是一半左右。

僧衣也是要自己洗的，但這種衣服不容易乾，沒辦法太常清洗。

在這段休息時間洗衣服，算是「私人」時間。道場也是有「私人」時間的。我們會轉換心態，把時間花在自己身上，這也算是**替一成不變的修行生活增添變化，重新調整自己的心靈。**

另外，在禪寺修行也是有些許「私人」時間的。

道場中的所需物資，是由負責採買的和尚添購的。至於個人的物資採買，每個月有兩次的機會。這兩天早上打掃完以後，上午八點到下午四點是休息時間，我們會利用這段時間外出採買。

真正需要買的東西也不多，頂多就是趁休閒時間購買內衣之類的物品而已。

大家總以為修行生活是被關在看不見的牢籠之中，其實還是有這點程度的自由（亦即私人時間）。

在「公務」時間中夾雜一點「私人」時間，藉此轉換自己的心態——長時間度過一成不變的生活，特別需要這種調劑方式。

刻意餓肚子

現今的日本，沒體驗過飢餓的人越來越多了，尤其年輕人更是如此。

大家隨時隨地想吃什麼就吃什麼，冰箱裡永遠不缺食物，沒有食物的話去便利商店買就有了，深夜也不愁沒有東西吃。如此一來，會形成一種「不知飢餓為何物」的生活態度。

相對地，「斷食道場」變得非常有人氣。或許是現代人都豐衣足食的關係吧，飢餓這件事已經成為一種非日常的體驗了。

一整天不吃東西，肚子餓到受不了又沒東西吃，這種環境反而要花錢才體驗得到。

飢餓對人類來說是很自然的事情，沒有體驗過飢餓才叫不自然。我也不是叫各位去挑戰食欲這種無法迴避的「欲望」，這樣的說法太誇大了一點。其實**對現代人來說，刻意安排一段飢餓的時間，對健康也是有好處的。**

我是個修行的僧人，很難想像「花錢斷食」是怎麼一回事。這種事情，不要吃東西就能辦到了不是嗎？

我剛開始修行時才二十二歲，那時候晚上常常餓到睡不著覺，因為過去我想吃什麼就吃什麼。

參與修行以後，傍晚吃完少量的伙食就要坐禪到晚上九點，然後還要一直熬到隔天早上才有飯吃，也難怪肚子會餓了。

基本上，修行中的伙食都是「粗食」。早餐是稀飯配蘿蔔乾，午餐是白飯和湯品，再外加些青菜，例如炒青菜或燉青菜等等。

反正有什麼就吃什麼，材料也不是自己去購買的，而是拿托缽得到的東西，或是自己種植的蔬菜。

在竹筍的季節裡，那就從早到晚都吃竹筍了。

佛教徒本來晚上是不吃東西的，傍晚頂多吃點蛋花粥，午飯才是正餐。如果有人給予烏龍麵或蕎麥麵，我們中午也會吃那些東西。

當時我還很年輕，總覺得伙食不夠吃，但久而久之我也越來越習慣粗食了。一年後，我也不會去在意飢餓的感覺了。

不消說，睡覺前肚子餓是一定的，有東西的話我也想吃。然而，沒有東西可吃那也無可奈何，只好放棄了。

我只能跟自己的食欲或飢餓感妥協，畢竟寺廟的伙食就是這麼多而已。

由於道場裡的飲食生活很簡素，因此大多數的人離開道場後，都會胖上十公斤左右，我個人也是這樣。

道場外是豐衣足食的世界，我們更應該嚴以律己。刻意安排一段飢餓的時間，這種行為自有其意義。

試著關掉空調

我總覺得，現在的日本人太常開空調了。電車裡開空調，商店裡也開空調，夏天把空調開得很冷，冬天則開得很熱。

確實，近十年來的夏天特別炎熱。每年都有許多人熱到中暑，還有人熱衰竭死亡。

不過偶爾關掉空調，安排一段時間感受自然氣候也是有必要的。當然了，也不

要搞到自己的健康出問題，那樣做就太過火了。

關掉空調除了有省電費的節能優點以外，我主要想告訴大家的是**「善用現有的，沒有的不要強求」，這是一個跟坐禪共通的概念。**

亦即不要去追求自己沒有的，而是要接受現有的一切。

夏天熱，冬天冷，這都是很自然的事情。

當我們習慣有空調的環境，就會認為那是理所當然的享受。我們會忘記夏天有冷氣、冬天有暖氣是多可貴的恩惠。

所以偶爾要關掉空調，**試著接納自然環境。**

修行道場是沒有空調的，我們沒有任何防暑或防寒的對策。冷的時候就是冷，熱的時候就是熱，沒有其他辦法。

過去我修行的地方位於三島市，那裡冬天的氣溫是零下五度。寺廟又是開放式的建築，體感溫度也特別寒冷，白天在戶外還溫暖一點。

冬天我們要在這種環境裡，坐禪一整個晚上。我始終無法習慣，每年冬天還是感到非常寒冷。

這就跟坐禪腳會痛是一樣的道理。即使修行十年的高僧，坐禪雙腿一樣會痛，沒有所謂習慣了就不會痛的道理。痛是正常的，只是習慣以後就不太會在意疼痛了。

道場的生活也是差不多的概念，跟一般生活相比，道場生活太過拘束了。但在沒有其他選擇的情況下，我們漸漸不會去在意那件事。

關於寒冷或炎熱的問題，不管再怎麼抱怨或煩惱也無法改變。有空調那就開來用，沒有的話那也沒辦法。頂多就是承認氣候炎寒，然後試著去接受。

久而久之，就不會去在意寒熱了。熱就是熱，冷就是冷，腳會痛也是理所當然。到了這個地步也就無所計較了，那些事情也沒什麼大不了。

待在無可改變的環境之中，除了學習接受以外也別無他法。學習接受，也就不會把痛苦當一回事了。

實際上在道場修行，每到夏天都會瘦三公斤左右，冬天則會胖三公斤。**因為我們過得是順應氣候的生活，所以身體會產生相應的變化。**

有空調才會抱怨天氣太冷或太熱，請安排一段時間關掉空調吧，這樣可以養成容忍痛苦的堅強心靈。

團隊合作要有默契

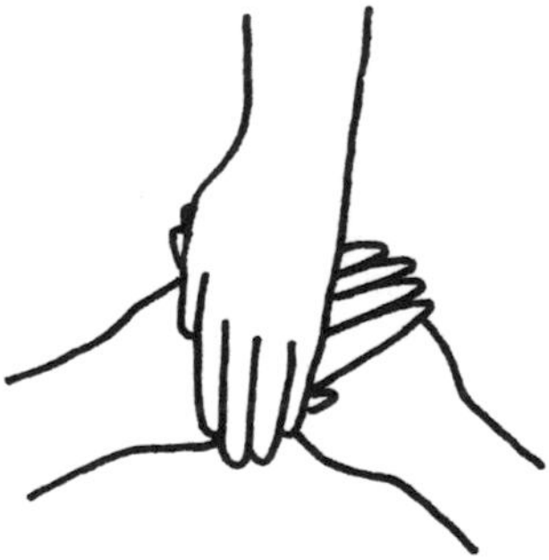

據說「僧侶」這個字的由來，是梵文「Sangha」的漢字音譯「僧伽」。後來「伽」字去掉後，就只剩下了「僧」字。本來要三人以上才能稱為「僧伽」。

換句話說，**一群人互相切磋砥礪才是僧侶的本質和要務。**

一個人修行很容易受挫或苟且偷安，三個人一起修行的話，就會有互相指正或激勵的作用了。

兩個人修行很難嚴格要求對方，三個人修行就會有人跳出來指正缺失了。這種人與人的關係又稱為**「和合」**，在修行中也是常被提及的重點，簡單講就是「團結合作」的精神。

一個團體中有前輩、同儕、晚輩，大家互相指導、勸戒、幫助才得以安生。相對地，也有一種關係叫「偽和合」。意思是一群人苟且偷安，不肯嚴格要求彼此。過去我們修行時，也常被師傅責罵我們的和合關係並不正當。

修行道場裡負責煮飯的「典座」，除了要準備所有人的伙食外，還得動腦筋善用當天所有的食材。

三餐不能都煮同樣的飯菜，同樣的材料也得改變菜色才行。這樣的工作要每天持續，所以典座是最辛苦的差事。

我在參與修行以前從來沒有煮過飯。再者，在道場煮飯是燒柴火的，沒有瓦斯或電力可以使用，一開始我根本不知道該怎麼辦才好。

而且前輩也不會好好教，我只能自己邊看邊學。

基本上煮飯的工作是兩人一組進行的，前輩頂多只會在煮米飯時，教你水該加多少、什麼時候該熄火之類的。剩下的就要靠自己嘗試領悟了。

這裡的重點是，「和合」不見得需要語言。大家攜手合作處理一件工作，這時候應該在做中學習，而不是光出一張嘴巴。

這講究的是一種「默契」，絞盡腦汁想出來的語言，其實沒有太大的效力。

行動才是首要之務，**從嘗試中了解彼此的作風，默默地幫助對方，避免互相妨礙。這樣才會產生所謂的默契。**

當一群人共同處理一件工作時，行動比語言更重要，這才是通往「和合」境地的捷徑。

該罵人時不要猶豫

現代社會有一種「用讚美促進成長」的風潮。

最近我開車聽廣播，據說就業市場也轉向對求職者有利了。不曉得是景氣變好，還是勞動人口減少的關係。

企業很擔心招募的新人辭職不幹，所以在研習的時候非常照顧新人，凡事都用讚美代替責罵。

不過，我認為這是很奇怪的事情。如果真的有心培養新進人員，那麼有時候就事論事責罵對方是絕對有必要的。

「把獅子推落谷底」是禪宗著名的基本思維。

這裡所說的獅子是一種傳說中的動物。大獅子生下小獅子的第三天，就會把小獅子推落谷底。

小獅子從谷底爬上來後，還要反咬大獅子一口才行，否則沒辦法真正長大。

培養人才本來就有嚴厲的一面，該罵人的時候千萬不要猶豫。

修行道場的勞務（工作），其實都是「坐禪淨心」的動態表現。不管是掃除或托缽，一切都與坐禪脫不了關係。

三島市的道場後山上，有許多的杉木和扁柏。在特定時期採伐過度茂密的樹枝，也是很重要的工作。

我們必須爬到樹上，砍掉多餘的樹枝，否則就無法成為良質的木材了。

不只有杉木或扁柏需要修剪，梅樹或其他樹木也需要。任何樹木都不能放任樹枝亂長，要適當的修剪才會長成良質的木材。

當然，好的樹枝要留下來，不好的樹枝就得修剪掉。

在修行道場生活，就是徹底的罵人與被罵。有時候我試著回想以前的修行生活，發現道場中只有責罵而沒有讚美。

參與修行就是一直被罵，師傅只有在放棄弟子時，才會給予讚美。

當然，在一般生活中培育人才是需要讚美的。只是，讚美跟放縱完全是兩回事。

害怕責罵而放任對方，這稱不上教育，責罵和讚美都是必要的。

我認為不敢責罵的人，也不會有讚美的能力。

當主管不要怕得罪人

在當今的企業組織中，上司的壓力應該比部下還要大，畢竟現在的上司是「沒辦法罵人的」。

也許上司是害怕承擔濫用職權的罵名，或是不希望公司被說成黑心企業，也有人擔心被部下討厭吧。

我本人沒有在公司上班的經驗，但有一點我非常肯定，那就是部下會仔細觀察上司的一舉一動。

而且，他們不太會注意上司的優點，多半只看奇怪的地方或缺點。

所以，底下的人會在無意間模仿上司的舉動。上司偷懶，他們就跟著偷懶；上司不嚴守規則，他們也不會照辦。

從這個角度來說，上司的言行舉止和日常作息，會形成所屬組織的文化。企業會有企業特有的文化，家庭會有家庭特有的家風。

上司是組織的明鏡，部下永遠都在觀察上司，模仿上司的行為。

在禪宗的世界裡，有一句挑選師傅的名言如下「上士趨恨，中士趨利，下士趨勢」。

如果弟子說自己的師傅是好人，那就代表師徒的關係不夠嚴謹。

弟子對師傅沒有怨言，算不上真的在修行。

實際上，在修行道場的人不會罵髒話，但難免會咂嘴表示不滿。心生不滿不是因為師傅提出不合理的要求，或是講一些無法理解的空話。而是師傅講得太有道理、太切中要害，弟子才心有不甘。

可是，道場真正厲害的地方不只如此。不論是指導者或前輩，大家都在同一間寺廟裡共同生活，二十四小時都待在一起。

因此不是只有指導者或前輩過得特別安逸，每個人都過一樣的生活，下位者也找不到機會抱怨。

上位者若貪圖逸樂，下位者心理就會不平衡。既然上位者沒有貪圖逸樂，那麼下位者就無話可說了。

所以下位者抱怨歸抱怨，還是會乖乖聽從上位者的話。

企業組織也是同樣的道理。除了社長以外，所有社員在同樣的條件下一起工作，彼此就無法互相欺瞞了。

就算上司一開始不願點出部下的缺失，久而久之自然就會說出口了。上司必須點出部下心中的疑慮。

這時候，部下當然會有所不滿。不過，上司也不必害怕部下不滿。

除非上司人在海外，指示全都靠電子郵件來傳達；否則待在同樣的環境裡，**上司引人妒恨是理所當然的**。這才是正常的上下關係。

秉持「和合」之心一起品茗

我的寺廟舉辦坐禪會，所有參加者會在結束時一同品茗享用點心。負責奉茶的人要替所有人倒茶和分發點心，大家享用完以後才解散。

這稱之為「茶禮」，是禪宗的喝茶禮法，據說也是「茶道」的起源。大家分享一壺熱水泡出來的茶，算是一種「和合」的象徵。

在修行中經常舉行茶禮，節慶活動中也有茶禮。

人類在社會中生存少不了「和合」之心，所謂的和合不是逢迎諂媚的意思。畢竟任性妄為難以生存下去，社會機能也無法成立。

因此，我們偶爾要和別人妥協，或是互相切磋琢磨。人類很難在孤獨中保持心靈平穩、心無常住地生活下去，和合的精神是有必要的。

在禪寺裡，我們是透過茶禮來體認和合之心，領悟自己是群體的一份子。

各位在日常生活中，也有不少機會和別人一起品茗吧。喝茶的時候，請試著將茶禮放在心上。

一起品茗也是難得的緣分，我們要先放下工作、家事、養育小孩之類的現實雜務，以平穩的心態待人。然後，感謝對方跟我們一起喝茶，用心體會那份「可貴」。

對話內容並不重要，光是默默喝茶也無所謂。

我們和對方都在參與人生的修行。有幸共處一段時間，本身就是一件「可貴」的事情。也多虧有對方的存在，我們才得以修行。

釋迦牟尼說，人生應如犀角獨步行。犀牛都是單獨行動的，這句話的意思是，我們應該跟犀牛角一樣，獨自走在人生的道路上才對。人類孤伶伶地來到世上，死的時候也是孤伶伶地離開。我們要有獨自活到最後的覺悟。

不過現實世界中，人類沒有辦法一個人生存下去。我們都有脆弱的一面，所以難免會放縱自己，想方設法投機取巧。這時候我們就有必要和他人妥協了。

這便是「和合」與「調和」的真意。人際關係不順是一件很煩惱的事情，但人類本來就是孤獨的存在，因此更應該好好珍惜邂逅的機會。

任何邂逅都有其意義，請喝口茶休息一下，感謝和對方邂逅的機會吧。這麼做不需要多餘的感情，**單純感受在一起的可貴就好**。

佛教有一個詞彙叫「中道」，所謂的中道不是指左右之間的中立點。而是超越二元，超越矛盾與對立的意思，這才是「調和」。

放下一切好惡，光是有機會相處就是一件「可貴」的事情。在跟別人喝茶時，請試著將這一點放在心上。

第三章

安穩結束一天的「夜晚作息」

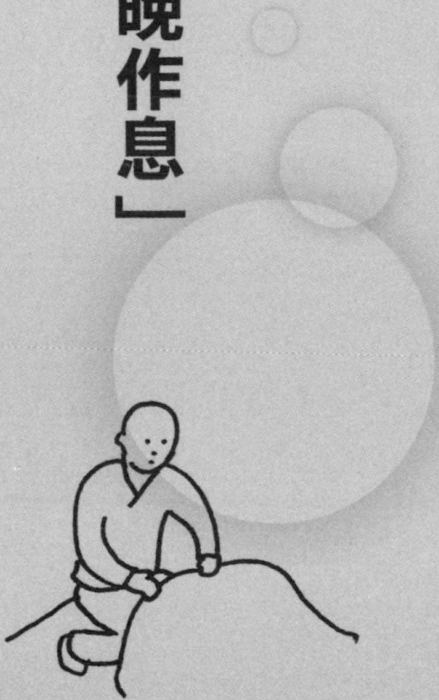

要知道晚餐與早午餐有何不同

刻意安排一段斷食的時間，對飲食就會有更深刻的體會。本來一日三餐是一件很理所當然的事情，斷食後就會特別期待用餐的時間，每次都「心懷感激」地享用伙食。

現在斯里蘭卡和泰國的和尚，一過中午就不會再進食了。嚴格講起來，佛教徒午後是不吃東西的。

在印度誕生的原始佛教並不從事勞動，尤其生產性的勞動更是大忌。因為生產行為會衍生對物品的占有欲。

占有欲是一種「執著」，所以要禁止一切生產與製造，來斷絕「執著」。

不過，佛教自印度傳到中國後，就開始有所謂的勞務與勞動了。

一座山頭有成千上百的修行僧共同禪修，光靠托缽沒辦法維持生計，因此修行僧才必須從事勞務活動。

有勞動就會肚子餓，夜晚也得吃東西才行。禪學在中國普及以後，這一點和印度佛教有極大的不同。

佛教中食用三餐的意義不盡相同。請各位參考這樣的觀念，**思考三餐的差異**，

好好感受飲食的意義與可貴之處。

禪學認為**「勞務是動態的坐禪」**，動中的功夫比靜中的功夫難上千百倍。我們不該只是在遠離日常的環境中安靜坐禪，還要在普通的生活和工作中，努力達到同樣的境地，工作與坐禪都是一樣的事情。

基於健康因素，勞動過後晚上必須吃東西。不過，就某種意義來說，那是避免自己因飢餓而生病，就跟吃藥是一樣的道理。

所以在禪寺中，夜晚的飲食又稱為「藥石」。

過去稱之為「溫石」，也就是抱住加溫過的石頭，去除腹部的寒氣來撐過飢餓感。

晚餐純粹是「藥石」，原則上是把早餐和午餐剩下的東西拿來煮成雜燴，是一種很簡單的飲食。

道場的晚餐時間是下午四點，調味只用鹽和醬油。把剩下的伙食吃完，才是晚餐的主要目的，美味與否並不重要。

寺廟周圍多半有農家，農家常會提供各種蔬菜。每一段時期的蔬菜都是固定的，有時候都是茄子、番茄、小黃瓜之類的東西。

我們會細心思考，該如何料理才不會浪費那些農家提供的食物。別人給的伙食不能丟掉，連皮都得物盡其用。

如果拿到茄子，我們會泡在味噌湯中做成醃菜，或是拿來煎、煮、炒、炸、蒸，總之要想方設法全部吃完。

請從維護健康的角度，參考禪寺的飲食習慣吧。

感受沐浴的可貴

日文的「可貴」寫作「有難」，本來是指「不可能成真的事情發生了」。因此「可貴」的相反詞就是「理所當然」。

人們不會去感激「理所當然」的事情。

「學習接納現有的一切」是禪學的重點。換言之，我們要去體會「理所當然」的事物。

日本人很喜歡泡澡，各位是否覺得泡在一大缸熱水裡，慢慢放鬆是一件「理所當然」的事情？

有時候我們沒時間泡澡，乾脆直接沖一個熱水澡就算了。

不過放眼全世界，很少國家是一扭開水龍頭，就能享受到溫熱乾淨的自來水。

在一天結束之際沖澡，也是一件「難能可貴」的事情。

我幾年前去過印度，但不是去旅行，而是出於一種義務感，畢竟佛教徒應該去朝聖一次。

我到一個號稱佛跡的地方參拜三次，印度如我所料，跟日本極為不同。

釋迦牟尼以前弘法的地點，在現今的印度也是最貧窮的地區，很多人出門都打赤腳。

看到那樣的景象，我決定等兒子念高中以後帶他來一趟。到時候他就會知道，在日本生活是何等的舒適與便利了。

把這些舒適與便利視為理所當然、司空見慣，這並不是一件好事。所以，我才想帶自己的小孩到印度。

我以前求學時也有參加運動社團，練習完也是直接沖澡，不覺得有什麼大不了。

在印度生活，你連沖澡都有困難。他們的水龍頭沒有水，更遑論熱水了。就算有水也是汙濁的黃色泥水。

我回日本以後，有一段時間連沖澡都有點罪惡感：享受這樣的便利真的沒關係嗎？

現在的印度當然也有方便的生活環境，也不乏基礎設施完善的旅館。可是我以前待過的地方，骯髒的黃水才叫理所當然。那裡的電力系統，每天一定會停電一次。

沒想到我返抵國門後，很快就習慣日本的舒適環境了。那份「可貴」的感受並沒有維持太久。所以，我才希望各位每天沖澡時，稍微想起沖澡的「可貴」。

修行時代幾乎是在「什麼都沒有」的狀態下生活，**體驗過「一無所有」才會了解到何謂「可貴」**。

不要安排「犒賞自己的時間」

曾幾何時，「犒賞辛苦的自己」成為一種普世價值了。例如，認真工作後就一個人去看電影犒賞自己，處理完家事就一個人吃高級冰品，或是買一些高級的東西。

我不懂「犒賞自己」的意義是什麼。大家純粹是對享受奢侈品有種抵抗感，才要找個好聽的理由說服自己吧。

我們來思考一下，「安排一段犒賞自己的時間」是怎麼回事。

當然，日常生活中總少不了獨處的時間。假設你在人滿為患的電車中，戴上耳機專心聆聽音樂，那麼你也算度過獨處的時間。

只是，獨處的時間和「犒賞自己的時間」有些不同。想看電影就去看，想吃高級冰品就去吃，想發呆就發呆也沒關係，順從自己的心意就好。

我認為沒必要找理由，不必說那是為了犒賞自己，也不必把自己設想得那麼艱辛度日。

時間對每一個人都是公平的，想留也留不住。**擅自劃分時間，是一種對時間的執著，對時間執著的人反而會被時間束縛。**

修行道場的晚飯時間是下午四點，這一段食用「藥石」的時間約莫半小時左右。

四點半開始大家輪流入浴，五點半開始坐禪到九點。

我以前待過的龍澤寺，每天都要燒熱水洗澡。洗澡是好幾個人一起洗的，沒有時間讓你慢慢泡澡享受，都是把身體沖乾淨而已。

泡入浴缸後馬上起身，用熱水沖洗身體，洗完再泡一次就出來，整個過程最多五分鐘就結束了。

而且，剛入門時還要顧慮前輩，就更沒有時間慢慢洗澡了。洗完澡就要馬上坐禪。

每天的行程都是固定的，我們幾乎沒有自己的時間，這也是修行的意義之一。

習慣以後就不會想要自己的時間了，應該說有自由時間也無事可做。

從這個角度思考，我們根本不需要自己的時間，**所有的時間都有其本來的意**

義。

沒有必要刻意安排一段「犒賞自己的時間」。

每晚打掃房間

其實不一定要在晚上打掃，只是希望大家要養成勤於打掃的習慣，每天稍微打掃一下家中的某個角落也好。我認為打掃是跟坐禪最有關聯的行為。

我們禪僧要不斷地坐禪，坐禪是我們的根本。掃除則是一種動態的坐禪方式。兩者的重點都是「拂拭塵埃」。**坐禪講究拂拭心中的「塵埃」**，就相當於「打掃自己的心靈」。

塵埃零落，一日不曾間斷。今天清完塵埃，不代表明天同樣潔淨無瑕。我們必須一輩子持續拂拭塵埃才行。

生產行為和坐禪的差異就在這裡，製作物品總有「完成」之時，但拂拭心中的塵埃永遠沒有止境。

在日常的行為之中，掃除有拂拭心靈的效果。

所以，要勤於打掃周遭的環境，每天稍微打掃一下就好。這麼做也會養成拂拭心靈的習慣。

說到「頓悟」，大家總以為頓悟以後就再也不會有痛苦與悲傷了。

不過，「頓悟」並不是真的身登彼岸，也不代表以後永遠不會有痛苦與悲傷。悟道跟掃除一樣，是永無止境的事情。

例如菜刀與其他刀具，不好好保養就會生鏽。我們要勤加保養才不會生鏽，保養就類似於每天的掃除行為。

鍛鍊身體也是一樣的道理。我以前求學時有在運動，休息兩三天沒練習後，要把體能練回來非常不容易。

物品或身體這些肉眼可見的東西，相形之下比較好理解。所以大家才會不分早晚，努力鍛鍊自己的身體。

現在到處都有健身房，人們都很努力保養身體。去醫院接受健康檢查也是如此。

事實上，心靈也需要每天勤加保養，但很多人沒有注意到這一點。

一整天忙下來，每個人都會有各式各樣的經歷。我們在一天之中說過許多話，做過許多事情，甚至有各種雜亂的心思。

人和人之間，不可能完全說出內心所想，這樣做會惹出大麻煩。

於是乎，各種感情在心中發酵蔓延，我們必須利用自制心壓抑那些感情，以免那些感情化為言語或行動傷害別人。

這樣一來，內心會慢慢累積塵埃。塵埃要每天清掉才行，每天拂拭自己的心靈，不要讓塵埃留到明天。

和尚是透過坐禪來拂拭心靈的，各位應該很難養成每天坐禪的習慣吧。不過，每天掃除就不困難了。**打掃肉眼可見的東西，在清除環境髒亂的同時也淨化內心的塵埃，達到一塵不染的境地。**

最好早上和晚上各打掃一次，保持清爽乾淨再入睡吧。

在固定時間上床睡覺

為了維護身心健康，現代人相當重視睡眠，很多人都有睡眠不足或睡眠障礙的煩惱。

確實，睡眠是人類賴以為生的行為，太過神經質反而會妨礙睡眠。

越急著入睡越睡不著，想要早點睡覺偏偏怎麼也睡不好，睡眠就是這麼一回事。

我認為這是太在意睡覺這件事的關係。在固定的時間躺上床閉起眼睛，這樣就夠了。然後在無意間入睡——這才是真正的睡眠行為。

「早點入睡」是對睡眠的執著，**既然是執著，就該想辦法拋棄這樣的念頭。**睡不著時閉起眼睛不睡覺也無所謂，躺在床上休養身體就夠了。**拋棄「入睡」的意念單純躺著**，就這麼簡單。

道場的熄燈時間是晚上九點，吃完晚飯後從五點半開始坐禪，坐禪結束就馬上熄燈。

一天的作息之中，沒有讓我們獨自用功的時間。

那麼，還看不懂經書的人該怎麼辦呢？只好趁熄燈時間後，自己偷偷拿著手電筒去其他地方用功參悟經書了。

也有人拿著坐墊，到大殿或簷廊下繼續坐禪。這又稱為「夜坐」。規定的熄燈時間是晚上九點，但大家會先用功或坐禪再睡覺，實際的入睡時間是十點半或十一點。也就是做完自己想做的事，之後才上床休息。

起床時間是三點半或四點，睡眠時間頂多五個小時左右。現在回想起來，這樣的時間安排相當巧妙。

一般來說，來參與修行的都是大學畢業生，年紀差不多二十二歲。這個年紀的人想吃就吃，想睡就睡，根本沒辦法好好修行。限制他們的飲食與睡眠時間，會削弱他們的體力。

想當然，飢餓感與睡意經常與他們同在。然而，當這種感覺成為生活中的一部分，就不會感到痛苦了。

有時候坐禪也會想睡覺，但坐禪時間有前輩巡視，菜鳥不可能睡得著。過上這種限制飲食與睡眠的生活，一爬上床馬上就睡得著了，根本不需要強迫自己趕快睡覺。

每天做該做的事情，在固定的時間入睡。

然後，不要吃太多睡太多，養成這樣的習慣自然就睡得著了。

在被窩裡回顧一整天

我們在一天的生活中，難免會產生七情六欲。每天晚上請在被窩裡，回想那些憤怒、悲傷、喜悅的感情。

也就是整理一下當天發生過的事情，以及自己那時候的情緒。

舉個極端一點的例子，假設你某天被公司裁員了。你的心情一定很不好，會感到生氣、懊惱、難過也是理所當然的。你可能會很擔心，未來不曉得該如何是好。

請利用入睡以前的這段時間，回顧發生在自己身上的遭遇，還有當下的心情。你要用這段時間整理思緒。

裁員是無情的現實，你會感到震驚與絕望。**但感情經過整理後，只會留下現實。**

其實光看「裁員」這一個事實，你會發現這只代表自己的一段工作結束，你不再是那間公司的員工罷了。

佛教有所謂的「因緣說」，亦即**凡事必有其原因**。我們要先放下感情，注意事實就好，並且思考事實發生的原因。

已經發生的事情無法改變，我們只能去接受事實。

把感情與事實分開，冷靜地思考事發的原因。

如此一來，就能平復當天產生的情緒，淨化自己的心靈了。

我父親的師傅山本玄峰老師曾經說過：

「在一天結束之際，利用睡前的時間回顧一整天發生的事情。例如你對某個人說過什麼樣的話、做過什麼樣的事、當下你的想法又是什麼，你要好好回顧自己的行為。

如果你傷害到對方，或是有不誠實的舉措，你要在被窩裡好好向對方道歉才行。

當面跟對方道歉並不容易，至少你要在一日結束之際，在自己的心中反省。」

這就是在睡前「淨化心靈」了。

接受自己做過的事情，**在心中向對方道歉，負面的感情就不會持續到隔天了。**

事實與感情經常糾結不清，我們要分辨這兩者，謙虛地接受事實，有必要的話再好好思考事發的原因。

這麼做**感情自然會平靜下來，不會一直耿耿於懷了。**

試著否定「本我」

每天晚上在被窩回顧一整天發生的事情，其實就是在反省。

「真不該做那種事，是我錯了。」

「那時候害別人不開心了，是我錯了。」

接受既成事實，也形同在否定自我，我認為這是一件好事。

「我應該是這種人」「我的個性是這樣才對」——我認為這些意識是對自我的執著。**因為執著自我，思想才會不知變通，無法接受事實或容納別人的意見。**

最近的年輕人常說，自己是很有創造力的人。我就搞不懂那樣講有什麼意義，他們是在誇耀自己有創造力嗎？

這種事不該自己講吧，應該是別人給我們的評價才對。

我們沒必要替自己決定形象。

有那個閒功夫思考自己屬於哪種人，還不如捨棄本我，完全否定本我。

修行者在道場中會一直挨罵，個人的特性和人格都會遭受否定。

我沒騙各位，真的是一整天都在挨罵，連拿筷子的方式都會被指指點點。站著也被罵，坐著也被罵，走路也被罵，我一開始也搞不懂自己該怎麼做才好。

那些責罵的用意是要否定你的一切，會困惑也是理所當然的。

到頭來，你就會知道那些責罵是在否定你的一切，用意是要取下你對「自我」的執著。

事實上，**人根本沒有所謂的「自我」**，但我們總以為有。那是我們在腦海中形塑「自我」的關係。

「我是這種性格」「我是這樣的人」「我本人就是那樣」——這些觀念本來都是不存在的。

當你決定自己是哪種人，你也等於在畫地自限。

你過去的經歷，以及那些經歷培養出來的思維，其實都是非常渺小的。

用框架限制自己，當你遇到殊異的事物時，就沒辦法坦然接受了，彼此的框架會互相抵觸排斥。

決定自己是哪種人，就好像在孤島上生活一樣，很難有長進。
不要畫地自限，在睡前否定自我，徹底拆除框架吧。

接受「辛苦得不到回報」

有時候我們回顧一整天的遭遇，會發現自己的努力得不到任何回報。

不過，這是很正常的事情。一切都是「得不到回報的」，做任何事情都一樣。

當然，沒有回報不代表我們能偷懶，而是要**心無所求**。

亦即在**當下做好自己該做的事，不要追求回報或感謝**，專心做一件事就好。

這種心態才是佛教或禪學思維的大前提。

坐禪和修行其實都是在「照見本性」，這說起來很容易，做起來卻很困難。不管我們多努力發掘自己的本性，永遠會有其他事物來阻撓我們。

這些阻撓也就是追求「功名」的欲望，這種欲望每天纏擾著我們，你只能不斷地剔除、剔除、再剔除。

到頭來就跟剝洋蔥一樣，達到一無所有的境地。坐禪和修行，追求的就是空無。

在修行的過程中，我們每天都有許多疑問。例如，面對難以理解的修行，做這些修行到底有何意義？——說穿了這些疑問都是逃避痛苦的藉口罷了。

我們要透過修行捨棄本我，學習如何放棄追逐「功名」。

據說這世上最殘酷的刑罰，就是上午叫囚犯拚命挖洞，然後下午時命令他們把洞填起來。

換句話說，這種行為永遠沒有止境，也得不到任何成就感。毫無意義的行為會衍生出虛無感，這對人類來說是最痛苦的事情。

不過我們在修行道場中，也在從事類似的活動。沒有事情做就挖洞來填，總之動起來就對了。

以佛教的方式來形容，這叫「搬雪填井」。把雪放入井中，雪塊會溶化成水，永遠也填不滿。這是無盡的作業，沒有盡頭可言。

我倒是完全不在意搬雪填井，叫我從事好幾天，甚至從事一輩子都沒問題。因為我知道這跟剝洋蔥一樣，做到最後都是一無所得的事情。

套一句類似文學的說法，我很清楚人生本來就是空虛的。

人類早晚是要死的，死亡是人生的終點，活著純粹是過程而已。

在公司升遷、企劃案大功告成、跟同事吵架、和家人歡笑，這些都是過程中的小插曲。

人生就是等著衰老和死亡，如此而已。

同理，挖洞填土、搬雪填井、工作不順遂、人際關係有問題，這些也都是人生中必經的過程罷了。

不要執著於成就感，**成就感只是人生中一個微不足道的要素。**

每天晚上捨棄「目標」與「夢想」

不管是在工作上或私底下，大家常說做人要有目標，生活要朝著某個目標努力。把目標換成「夢想」也未嘗不可。

例如，想賺到千萬年薪，想蓋一棟透天厝讓全家人住，或是透過自己的工作讓社會變得更美好，希望替這個世界盡一份心力等等。這些都是所謂的「目標」和

「夢想」。

不過，這些都是西方人的思維，也是比較講究邏輯的概念，跟我們禪僧的思考方式大相逕庭。

就以我們的修行來說好了，我們不是為了別人修行，一切都是為了自己。

俗話說「成己達人」，意思是先成就自己，然後再成就他人。

修行的精神正是「成己達人」，我認為這是最棒的觀念，工作本來也是這樣的行為。

因此，沒必要用「目標」或「夢想」來當理由，特地為了「身外之物」努力；一開始去做對自己有益的事情就好。

當你去做對自己有益的事情，自然就會對公司、社會、家人有益。

況且，「目標」或「夢想」總是跟現實脫節，無異於畫餅充飢。

我們在腦中描繪的美好願景，無法套用到現實生活中。

如果沒有「目標」或「夢想」就活不下去，那每天重新畫一個大餅就得了。**晚上睡覺前拋棄那些大餅，隔天早上再重畫一個。**

人類喜歡替自己的行為尋找意義或理由，那都是用來說服自己的藉口。

其實有沒有這些藉口都無關緊要。

修行者沒有「目標」或「夢想」，嚴格講起來「願力」有點類似目標或夢想。

例如「四弘誓願」就是修行的四大誓願：

眾生無邊誓願度
煩惱無盡誓願斷

法門無量誓願學

佛道無上誓願成

這幾句話的意思是，世間有無數眾生，我們要拯救所有的眾生。

人類的煩惱無盡，我們要斷絕煩惱。

佛門有八萬四千法門和教誨，我們要努力學習。

而佛道沒有極限，我們要努力成就佛道。

這種似有若無的龐大誓約，就是所謂的「願力」。跟「目標」或「夢想」比起來，規模要大得多。

心懷這四大「願力」，每天努力達成自己該做到的事情，這便是修行了。

有這些弘願沒什麼不好，但**我們不需要用「目標」或「夢想」來催眠自己**，每天晚上請捨棄目標或夢想吧。

懷抱「不可能達到的目標」

我們再來談談「目標」和「夢想」好了。

其實擁有遠大的「目標」和「夢想」不是一件壞事。只是，太過現實的目標和夢想，本身是有問題的。

在做一件事情的時候，有「目標」和「夢想」做起來會比較方便。**這兩樣東西是幫助我們維持每天的幹勁，能否達成反而不是重點。**

不過，畫出「目標」和「夢想」的「大餅」後，人們往往把達成「目標」和「夢想」當成唯一目的。

以爬山來比喻各位就了解了，本來爬山是一步一步慢慢爬的，結果登山客卻把攻頂當成唯一目的。

這時候就會產生投機取巧的心態，例如尋求外在助力或抄捷徑等等。

換言之，很容易產生「為達目標不擇手段」的想法。

我們用數值化的目標來思考，就更好理解了。好比公司老闆說，今年營收的目標是一千億元。

本來這個目標，是所有員工齊心協力滿足顧客需求的成果。

然而，太重視「一千億」這個數字，就會產生美化帳面或灌水的心態了。

這跟老闆原先畫的「大餅」不一樣，但有了明確的數字標準，人類就會產生投機取巧的想法。

話說回來，在從事一件新的活動，需要眾人團結一致的時候，說出明確的「目標」非常有用。

所以我認為，「目標」和「夢想」籠統一點也沒什麼不好。不然，乾脆擁抱無法達成的遠大「夢想」吧。

有沒有辦法達成不是重點，**每天持之以恆才是關鍵所在**。

一般人總是追求伸手可及的明確「目標」，才會感到痛苦與不安。

況且，稍微努力就能達成的「目標」，真的是我們應該追求的結果嗎？

重點不是結果。
一步一腳印地前進，這樣的生活才有真正的「目標」和「夢想」。

第四章
調整心態的「禪宗思維」

不安源於自我

人類會放大自己內心的不安。據說肉體的疼痛，有一部分也是大腦產生的錯覺。

人心也有同樣的現象。其實我們覺得擔心或煩惱的事情，只有一小部分是真的有問題，剩下的都是當事人自己想像出來的。

這一點我在坐禪時深有體會，每天花十個小時坐禪，腳會痛到讓人受不了。大家可能以為和尚習慣坐禪，所以坐再久都不會痛吧？事實上修行的年資再怎麼長，腳還是會痛。

坐禪通常要花「一炷香」的時間，也就是以一根線香燒完的時間、大約三十到四十分鐘為一個區間。稍事休息以後，就繼續燒香坐禪。

剛開始坐禪是不會痛的，但二、三十分鐘以後就開始痛了，總之痛是免不了的。

於是，很多人在剛開始還不會痛的時候，就在擔心不知道什麼時候會腳痛。他們會想像腳痛的景象，自己嚇唬自己。

換句話說，**這是自行想像疼痛，擅自衍生和放大不安的情緒。**

我也經常感到不安，總是擔心自己的寺廟能否維持下去。

相對地，我也有一種隨遇而安的心態，反正等經營不下去再來煩惱就好了。但我不是真的完全沒有不安。

人生不可能沒有不安，但我們沒必要自己放大不安。不安一定會隨著某個問題浮現，然後逐漸消失。

當你以為不安消失了，它又再次湧現心頭，過一陣子又不見了。我們一直活在這樣的循環當中。

坐禪是要幫助我們遠離不安，從客觀的角度看待自己。

我曾在NHK的節目中，談過客觀這個概念。我們的大腦中，有一個部分總是在客觀地審視自己，那就是內側前額葉皮質。

有時候出於某些原因，這個部分的效力會減弱。例如喝酒麻痺自己的時候，等酒醒了以後忽然面對不安，就會把不安看得過於嚴重。

首先，請認清自己腦內有這樣一個區域，這是任何人都有的部位。你的「客觀」是否健康呢？有沒有疲勞或偷懶呢？

人類太在意自己內心衍生出來的東西了。那些都是自行衍生出來的，不要理會就得了，偏偏我們就是無法視而不見，還會用「想像」來加油添醋。

這時就要請「客觀」出馬了。不安是我們應該拋棄的東西，不能一直揣在心裡。你要這樣說服自己，釋放出那些不必要的情緒。

空無一物才是人類最自然的狀態，這跟坐禪有異曲同工之妙。我們要棄惡離善，不小心拿起來就應該放下。

當你想要有所得，反而會得到不該得的東西，請放下一切吧。

放心，放下一切死不了人的，畢竟我們本來無一物嘛。

自行消除不安

專心投入某件事情，是消除不安的一個好方法。從這個角度來看，我認為坐禪的立意非常好。

有些人連續坐禪好幾個小時腳也不會痛，但坐禪腳會痛是理所當然的事情。疼痛的感覺會越來越強烈，最後你滿腦子都在思考自己的腳，絕對沒有多餘的心力去思考公司或家庭的煩惱。

你唯一想的就是腳很痛，所有的意識都集中在腳上。這時候你就沒有不安了，因為你沒有心思讓自己不安。

真正會感到不安，是開始坐禪以前的那一段時間。也就是你離開車站走到寺廟的過程，以及你到寺廟以後，等待坐禪的這段時間。

你會想像各式各樣的狀況，自行產生不安的情緒。例如擔心自己能否適應坐禪、萬一腳痛了怎麼辦、不專心會不會被木棒敲打等等。

實際上，初學者的注意力都集中在下盤的痛楚，因此這些不安的情緒在坐禪的過程中就煙消雲散了。

另外在坐禪之前有一段和尚講經的時間，參加者必須坐著聆聽。這時候底下的人腿部早就麻痺了，和尚講的法要再怎麼博大精深，大家也聽不進去。

腿麻的人只會覺得和尚話太多，希望談話快點結束，**這樣想也沒什麼不好**。

我在小學就參加過坐禪會了，小學生當然不懂坐禪的道理。人家跟我說嘗試過就懂了。除此之外，那些和尚說什麼我完全不記得，反正我一直忍受著腳痛的感覺，努力靜坐。

人類可以閉起眼睛，選擇「不見」。但除非你用手摀住耳朵，否則沒辦法「不聽」，聲音一定會傳入你的耳中。

不過，當你在思考其他事情時，就會進入充耳不聞的狀態。例如在坐禪會上聆聽法要，或是聽別人演講和開會時，都會有類似的狀況。我們生理上聽得到那些聲音，卻陷入一種彷彿聽不到的狀態。

然而，偶爾聽到有趣的話題時，我們就會回過神來仔細聆聽。

簡單說，**我們只看自己想看的，只聽自己想聽的。**

人類的感情之中，**那些悲傷或不安的負面情緒很難控制。負面的情緒會擅自衍生出來，難以制止**。相信很多人都認為這就是感情吧。

可是，事實並非如此。再重申一次，所有的感情都是自己衍生出來的，或是我們自己選擇的，不安或喜悅都是如此。

那麼，我們也能當作那些感情不存在，這就好比把會議的內容當成耳邊風一樣。

坐禪時產生的痛楚，就是忽略情緒的一大提示了。**意識集中在某件事情上，即可消除多餘的思維或情感了。**

有執著才會憤怒

任何人都會生氣，我也不例外。有修行或遁入空門的經驗，不代表就不會生氣。

憤怒是自然的心理作用，因為我們都有執著。我們希望事情按照自己所想的發展，當別人不願意配合，我們就會感到憤怒。

反之，「絕不生氣」也是一種執著，這是「不允許自己生氣」的執著。

在修行道場裡，師傅一整天都會對雲水（修行僧）發脾氣。例如對弟子頤指氣使，或是罵他們哪裡做得不好等等。

問題是罵人以後該如何自處。**罵人的時候當然是火冒三丈，重點是罵完以後，當事人有沒有辦法轉換心情，把怒火收斂回自己心中。**

有時候怒火會延燒好幾天，光是看到對方的臉就火大。但過了一段時間，大部分的爭執就會變得微不足道了。大家都希望下次見面時，能夠毫無芥蒂地互相打招呼。

山岡鐵舟師傅終其一生都在鑽研劍道，最後他達到了「無刀」的境地。

每天持續刻苦的劍術訓練，學習面對生命與死亡，最後領悟的就是不拔刀的境界了。

這是指不戰而勝的意思。**學會「不拔刀」是很困難的事情，但我希望各位了解，這也是一種理想的境界。**

那好，我們來思考人類的執著吧，執著是憤怒的根源。為什麼和尚要剃髮呢？

那是象徵「斷絕執著」的意思。

剃髮時要念一段「剃髮之偈」。

剃除鬚髮　藉由剃除頭髮和鬍鬚

當願眾生　一心祈求

永離煩惱　煩惱遠離

究竟寂滅　最後達到平靜超脫的境地

換言之，這是在宣誓捨棄一切執著、逃離煩惱之苦，往頓悟之道邁進的意思。

和尚藉由剃髮來表達拋棄執著的意念，畢竟和尚也是有執著的。

另外，當我們看著自己的孩子，孩子對父母來說也是一種執著。因為孩子是我們可愛的心頭肉，他們不聽話我們就會感到火大。

釋迦牟尼是在娶妻生子後才出家的，他的孩子名叫「羅侯羅」，是「障礙」的意思。妻兒都是執著，釋迦牟尼捨棄了妻兒專心修行。

「捨棄執著」這句話說來簡單，但活著本身不能缺乏執著。就算你一心捨棄執著，努力修行和坐禪也捨棄不掉，這就是所謂的執著。

不過，**太過執著會害我們失去自由**，於是一發脾氣就難以調適心情。

憤怒源自於執著，而**你之所以拋棄不了執著，主要是「常識」和「既定觀念」阻撓的關係**。

執著難以捨棄，但我們可以改變自己的「常識」。如果這樣做就能調適自己的心情，那就代表你的「既定觀念」可能有問題。

勇於改變「常識」，試著打破「既定觀念」，就能好好駕馭自己的憤怒了。

不要改善不愉快或不方便的感覺

現代人無法忍受生活中有任何不愉快或不方便，電視廣告也一直灌輸我們追求便利和愉快的觀念，藉此來刺激我們的購買欲望。

當然，那都是販賣商品或服務的必要訴求，這本身不是一件壞事。

不過，請各位試著反問自己，那些不愉快或不方便，真的是我們無法忍受的嗎？

有些事情明明沒有什麼必要性，我們卻過度追求舒適與便利。

例如在網路上購買東西，商品可能當天或隔天就送來了。這確實是很方便，但所有的東西都需要這麼快送達嗎？

很多時候我們純粹是被外在誘因蒙蔽，其實那些東西根本不需要這麼快送來。

所謂的禪心，意指接受現有的條件生活。不要追求自己沒有的東西，仰賴現有的條件生活就好。

如此一來，我們對不愉快或不方便的判斷標準會越來越低，不會過度追求便利性了。

我曾經問一位獸醫，為什麼人要讓狗穿衣服呢？有這個必要嗎？

那位獸醫回答我，現在的狗都養在家裡面，所以不穿衣服跑去戶外會感冒。

我很懷疑狗也會感冒嗎？獸醫說狗確實也會感冒，只不過在戶外生活的狗不會感冒，只有養在家中的狗才會。

另外，最近的寵物犬中，有些種類在冬天和夏天不會重新長毛。這對人類來說也是一件很方便的事，因為毛不會掉就不用清理了。

這也是人類追求方便所造成的結果。同理，我認為人類也有越來越脆弱的傾向，這也是過度追求舒適和便利造成的吧。

我們在日常生活中，會想方設法消除不方便和不愉快。相對地，禪宗的觀念則認為，我們應該接受現有的一切。

通常人類只要稍有不愉快或不方便，就會想辦法去解決，絕不會選擇忍耐。厭惡不愉快和不方便，就是對愉快和方便有執著。

我們僧侶會接受所有的不愉快和不方便。這點是我們異於常人的地方，不愉快的東西也沒必要改變，如此而已。

我並沒有否定文明，**但那些不愉快其實也沒什麼大不了的，不是嗎？**

擁抱這樣的觀念，就是快樂生活的一大啟示。

敏銳察覺自己的「物欲」

不曉得如何「整理」物品的人還不在少數，「斷捨離」一詞也變得司空見慣了。

許多人明知道東西太多，卻捨不得拋棄，這就是所謂的「物欲」。

那麼，「物欲」和「節儉」的差異何在？

我認為差異在於有沒有「執著」。

「節儉」是善用現有的一切，因為那都是必要的東西。

「執著」是放不下非必要的東西，這就跟「物欲」息息相關了。

不少人對物品有強烈的「執著」，這也造成了「不會整理、無法斷捨離」的煩惱。

嚴格講起來，生活中的必需品其實並不多。講句極端一點的，沒有那些東西也還是有辦法生存下去。

請試著拋棄你內心的「物欲」吧，這樣就能做到「整理」和「斷捨離」了。

現在回想起來，我從來沒有收集物品的記憶。這跟我遁入空門或修行沒有關係，而是我本身的性格使然。

可能我有買過一些玩具或卡片之類的東西吧，但那也是小孩子玩樂的範疇，現在我也幾乎沒有印象了。大概是我很快就膩了，所以全都丟掉了吧。

不過在僧侶之中，也有所謂的收藏家。我的表兄弟也是一位僧侶，他的房間裡擺有鈴木一朗的玩偶。

我對那些東西沒有興趣，對我來說那些玩偶都一模一樣。然而，他本人卻認為那些玩偶各有不同之處。

我也不排斥他的想法，只要他自己覺得幸福就好，雖然那是我無法理解的世界。

我本來「物欲」就不強烈，也不太喜歡各類物品。我自己購買的東西，頂多也就幾本書罷了。

真正困擾的是我老婆，她都說不曉得生日要送我什麼才好。我也不知道自己喜歡什麼，這也是沒辦法的事。

或許我這種個性很適合修行吧，畢竟道場裡什麼東西也沒有。好在，物質貧乏的生活我也不覺得辛苦。

天性難以改變，但我們應該不時反問自己，**很多東西是否真的有必要？**如果只是要單純過日子，照理說是用不到這麼多東西的。

不要受制於「有形」

現在路上到處都有便利商店，去那裡買東西很方便，我也會去消費。

負責收銀的店員，不光只有掃描商品條碼，他們還會輸入客戶的性別和粗估年齡。

這樣就能分析在何種外在環境下，什麼樣的顧客有購買哪些商品的傾向。

跟以前比起來，這是很大的進步。有了這些資料的累積，賣場裡就會有越來越多我們需要的商品，對我們來說也很方便。

隨著電腦的進步與普及，這些數據的重要性與日俱增。今後人工智能發展，將會變成一個更方便的時代吧。

確實，「有形」的數據是一項重要指標，我們的生活少不了這些數據。只不過，**應該是人類使用數據，而不是數據使用我們人類。**

本來，對人類來說最重要的是無形的東西。例如信賴、愛、健康等等，這些都是肉眼看不見的東西，也沒有辦法數據化。

這就好比你很喜歡一個人，對方也不見得了解你的心意。你必須把自己的心意化為「有形」的文字或聲音表達出來。

然而，「我愛你」這三個字本身沒有太大的意義。

例如，你用手機傳簡訊表達愛意，那些文字純粹是電腦中的數據，一種記號的排列。

對方收到訊息後，之所以會了解你的愛意，主要是從「我愛你」這三個字當中，感受到記號背後所隱藏的含意。記號本身是沒有意義的。

不管時代如何演變，生活中必要的東西幾乎都是看不到的。

我們想把那些東西化為「有形」，純粹是為了比較和評價的關係。看不見的東西無法分出高低和先後，就算分出來也會有抱怨或不滿。因此為求公正，必須化為「有形」。

可是，化為「有形」的數據往往會被當成某些藉口。

因為只要搬出數據，就沒有人能夠反駁了。好比你盡力愛一個人，但你的愛對那個人來說只有六十分，最後對方跑去跟九十分的人交往。遇到這種情況，我們根本無能為力。

公司使用的「有形」數據，多半也是評斷員工的方便工具。那些資料主要是讓被評斷的員工接受公司的裁定，算是一種說服員工的材料。

本來人類是無法評價比較的，**「有形」的數字無法判斷我們的人格。**數據和資料確實很方便，但受制於這些東西可就本末倒置了。

莫以為「跨越困難才會成長」

人們總以為只要接觸新的事物，或是付出比平常更大的努力，自己的品格與器度就會有所成長。

通常我們說一個人歷盡滄桑，這是一句讚美的話。意思是對方歷盡滄桑，所以對很多事情看得很透徹，也十分了解人心。

當然，有些人歷盡滄桑後確實成長了。相對地，也有很多人歷盡滄桑後性格扭曲。

不是歷盡滄桑的人就比較了不起，反之亦然。

歷盡滄桑本身不是重點，重點是你用什麼樣的態度去面對這件事。你用什麼樣的態度去面對其他人，這才是你能否成長的關鍵。

完成了困難的工作，不代表你就一定會成長。

縱使是一件得不到讚美的簡單工作，只要全心全意去做，同樣能獲得成長。反之，用投機取巧的方式完成困難的工作，是得不到任何成長的。

我們常看到一些優秀的運動員，在退休後身敗名裂，這就是一個簡單易懂的例子。

那些廣受矚目的職業選手，他們的活躍令無數的觀眾陶醉。參加奧林匹克的選手，更是集全世界的目光於一身。

他們從十幾歲就受到矚目，在成為明星選手的過程中進行了艱苦的鍛鍊。想必他們跨越了一般人難以想像的苦難。

不過，有些人退休後犯法被捕，這是他們沒有鍛鍊到心靈的緣故。

肉體鍛鍊得再怎麼辛苦，也不代表人品一定會成長。

他們的肉體確實鍛鍊到極限了，遺憾的是人品不見得有多高尚。

所以我們要思考的是，如何面對眼前的難題，同時好好鍛鍊自己的內心。

修行也是同樣的道理。如果抱著不耐煩的心情修行，根本不會有任何修行的效果。

反之，有些從事普通工作的人，他們沒有經歷過修行，人品卻非常了不起。

說穿了，**這兩者的差異在於，你是用什麼樣的心態來面對自己當下必須處理的事情。**

能否成長的基準，與艱苦或難度無關。「跨越困難才會成長」是一種錯覺。接受你該做的事情，認真地去做。至於做起來快不快樂、有沒有成就感，這些要素在工作上本來就不是多重要的東西。

一輩子不斷學習

日文的「學習」，源自於「模仿」二字。換言之，學任何事都是先從模仿開始。

修行生活也全部是模仿，例如在廚房調理食物的時候，不管是蒸米飯還是其他的工作，沒有人會好好教你。你只能看著前輩的做法，學習如何完成那些工作。

更進一步來說，我們是透過修行在模仿釋迦牟尼。坐禪正是這樣的行為，釋迦牟尼憑著坐禪頓悟，因此我們才模仿他坐禪。

永平寺的前任住持，宮崎奕保師傅曾經說過：

「模仿一天，你就只擁有一天的本事；模仿三天，你就只擁有三天的本事；模仿一輩子的話，你就有一輩子的真本事了。」

換句話說，人生就是不斷地模仿學習。當然，始終只會模仿也不好，但這句話是在告訴我們模仿的重要性。

模仿的本質，在於先從外在形式做起，進而了解當中的含意。

好比日本的茶道、花道、劍道，都要徹底地學習技形。**先從模仿技形開始，再慢慢深入其中，最後學習那一門技藝的內涵**。

工作也是一樣的道理，工作也有固定的處理方式。我們要先學習那些外在形式，效法前輩的做法。

長此以往，就能看穿工作的本質，這便是學習工作的內涵了。

我們和尚稱呼修行的伙伴為「道友」，遇到好的道友或前輩，是一件很幸福的事情。

「沒有同修者稱不上僧侶」指的就是這麼一回事。我們要有互相切磋、互相效法的對象才行。

當然，我們也會模仿師傅。長年模仿下來，連字跡都變很像。

現在我的房間裡有擺設父親的照片，以及他的師傅玄峰老師的照片。玄峰老師一直到九十六歲都很有精神，那張照片是他九十歲時的留影。

我小時候家裡還沒有掛上父親的照片，只有玄峰師傅的照片而已。每次我跟姊姊看到玄峰師傅的照片，就誤以為那是父親。

當時我的父親年約五十五，現在看起來他們長得不太像，但在小孩子眼中他們的外形十分神似。

父親六歲時就拜入玄峰師傅門下，大半輩子都跟師傅一起生活。也難怪師傅和弟子之間有相似之處了。

應該說他們散發出來的氣息相近吧。這就好像夫妻長年相處，在旁人眼中也會有相似之處。

因為彼此花了很長的時間模仿對方，連身上散發的氣質都很類似。

模仿不是一時的，要**持續模仿一輩子才會成真**。

專心感受，捨棄本我

所謂的「模仿」，是**學習「感受」和「拋棄本我」的行為**。

我們除了模仿外在形式外，還要去感受當事人的心。不能只有模仿動作，還要仔細揣摩對方的心。

而這也是在拋棄自己的心。當我們在模仿別人時，自己的心純粹是阻礙。

認真地模仿別人，自然就會失去本我了。

為了徹底模仿，我們應該和想要模仿的對象在一起，這樣模仿起來也比較快。號稱江戶相聲的復興者，享有「相聲之神」美名的三遊亭圓朝，他的墳墓就在全生庵內。全生庵是一座和相聲演員關係匪淺的寺廟。

過去在相聲的世界裡，是採師徒制的，弟子會住在師傅的家裡。師徒兩人在同一個屋簷下生活，弟子替師傅張羅三餐，師傅洗澡的時候還要幫忙擦背。弟子透過這樣的方式，模仿師傅的一舉一動。那些當上名人的師傅，他們的生活舉止都是表演的一部分，弟子要在共同生活中學習那些技藝。

技藝是肉眼看不見的無形之物，我們只能用這種方式去感受、模仿、學習。

相對地，徒弟沒有自己的生活和時間，所有的時間都要拿來模仿師傅。**要徹底捨棄本我模仿師傅，才學得到東西。**

我常跟一些經營者碰面，他們有不少人都有擔任祕書的經驗。

祕書是一種必須拋棄自我的工作。他們得站在別人的角度思考事情，例如揣摩社長或其他高層的心思。

舉例來說，祕書要替社長安排會談的時間，有的對象只要談十五分鐘就好，有的對象至少要談一小時。想當然，時間長短不是祕書自己判斷的，而是要看「會談的對象對社長來說有多重要」。

祕書必須了解，社長對經營公司有什麼樣的看法、注重什麼樣的人脈、未來有什麼樣的展望等等——了解這些以後，再去揣摩符合社長意向的會談時間。

有時候，祕書也得幫社長準備演講稿，社長在演講場合該說什麼話、該使用哪些字句，這都是必須考量的事情。

說穿了，祕書要站在社長的角度來看事情，這屬於一種徹底的「模仿」工作。

他們長時間和社長相處，還要揣摩社長的想法，並且拋棄自己的主觀意見。

有祕書經驗的經營者不在少數，就是**因為他們學會捨棄本我，用別人的角度來看事情**。這種訓練對他們力爭上游是有益處的。

這跟我們僧侶持續模仿釋迦牟尼修行有異曲同工之妙。

擁有自己的雛形

前面我們說過「學習」就是「模仿」。有些人可能會懷疑，一味模仿豈不是沒有自己的特性或原創思維嗎？

第十八代中村勘三郎和立川談志（前者為歌舞伎演員，後者為相聲演員）經常談論「創新」和「亂造」的差異。學過外在形式以後，力求突破就是「創新」；而一開始連外在形式都沒學過的人，他們的作為純粹是「亂造」。

換句話說，我們要靠模仿掌握自己的雛形（也可以說是自己的「芯」），打好基礎。做到這一步，才會產生所謂的特性和原創思維。

擁有自我雛形的人不會被失敗打垮。不管是工作或人生，不可能完全沒有失敗，任何人都會失敗。這時候的關鍵，在於你要回到哪個原點，以及你到底有沒有那個原點。

基督教有一個說法是這樣的。一個人的信仰就好比一艘船的錨，有沒有放下錨是非常重要的事情。

有沒有放下錨是肉眼看不見的，港口波濤洶湧的時候，任何船都會搖晃。不過差別在於浪濤平息後，沒有放下錨的船隻會漂流到遠方，有放下錨的船隻則會停留在原來的地方。

太過執著當然也不好，但**擁有一個不會隨波逐流的雛形、擁有一個自己的芯，失敗時就能返回原點了**。

運動也是有講究外在技形的，不管是打棒球或高爾夫，選手一旦遭遇瓶頸無法進步，就會徹底調整自己的姿勢動作。那些姿勢動作，就是自己本來的雛形。他們會反省最好的動作和目前的動作有何差異，找出自己可改變的地方，然後確認問題點再來修正動作。

大概對職業選手來說，保持技形是一種心態上的問題吧。如果單純是身體上的問題，動作是不會這麼輕易產生偏頗的。

唯有重視最基本的行動，才有辦法保持雛形。人心是不斷改變的東西，雛形和芯則是不變的基礎。若不在日常生活中自我要求，就難以保持雛形。

好比日常飲食或睡眠時間，**職業運動員會特別留意這些理所當然的習慣，來保持自己的技形。**

如今，學校完全沒有教我們「生存」所需的雛形。小孩一入學就要忙著學算數、國文、理科、社會、英文等等，這些都只是生存的技能而已。

不識文字和算數確實是一大損失，但那終究是技能上的問題，沒有那些技能也同樣活得下去，不識文字和算數也死不了。

知道這些東西比較方便，有知識也比較不會受騙，這才是我們學習各科目的原因。

不過，我們沒有機會學到生存所需的根幹。古時候的人會學習「四書五經」，讀那些東西不只會學到技術，還會學到「生存所需的雛形」。

現在很流行「心靈受創」這樣的講法，正因為現代人都沒有堅定的雛形，所以心靈才會受創吧。

我們應該多安排一些機會，學習生存所需的雛形才對。

像小孩一樣活在當下

長年坐禪多少會有一些領悟，我發現小孩子的心靈是極為自然的。他們的身心會專注於當下發生的一切，不會勉強忽視自己的感受。這樣的態度，和坐禪求道有異曲同工之處。

有句話叫「喜怒無常」，小孩子就是那樣。他們可能剛才還淚流滿面，下一刻就破涕為笑了。

我們的心靈本來就是這樣的存在，心靈應該和小孩一樣自由才對。然而，**我們的心靈卻隨著年齡增長而僵化，就好比人老了身體會變硬一樣。**

日本有一首古詩是說，無知的小孩學了大量的知識後，反而離成佛越來越遙遠。一個人的年紀變大，擁有更多的知識與經驗，照理說應該要接近成佛才對。無奈事實正好相反，年紀越大的人越難成佛——每當我看著自己的小孩，就有很深的感觸。

話說回來，小孩的「韌性」究竟是從何而來的？他們一整天調皮搗蛋被大人責罵，只有被罵的當下會乖乖反省，罵完馬上就忘記了。稍微被罵一下也絕不會氣餒。

近年來有句話叫「見肖轉生氣」，說穿了就是受到責罵後，因為氣餒而大發雷霆。透過憤怒來表達自己的氣餒，就是所謂的「見肖轉生氣」吧。現在容易氣餒的人非常多，而且他們還會一直耿耿於懷。

長大成人以後，我們就算恢復好心情了，也沒辦法老實地表現出來。其實心情早就已經恢復了，但就是不想被別人發現，所以寧可繼續佯裝不開心的模樣。

大家小時候都活得自由自在。**如果可以像小孩一樣永遠活在當下，不會把壞事一直放在心上**，不曉得該有多好。

小孩的生存方式正好符合禪學的教誨，也是我們應該效法的典範。小孩根本沒想過拋棄雜念或進步與否的問題，他們永遠是活在當下而已。

小孩也沒有算計之心，他們不會去思考跟誰交往才有益處，這種膚淺的小聰明與他們完全無緣。他們的心態有很多值得我們學習的地方，我認為大人的生活方式太不自然了。

大人總是宣揚和諧相處的重要性，但要做到這一點並不容易。正因為辦不到，我們才會覺得痛苦。

大人沒有比較完美，小孩也沒有不完美。在每一個當下，小孩也都是完美的存在。

看著小孩成長，你會發現他們的身體每天都在長大，能力也越來越強；反觀我們自己卻絲毫沒有進步。

當你反問自己，跟一年前比起來是否有所長進？結果會令你相當錯愕。我們非但沒有進步，辦不到的事情還越來越多了……

不管是小孩、新鮮人、老人，在每一個當下都是完美的，因此我們要持續學習精進。

徜徉在時光之中

有時候在坐禪的過程中，會暫時忘記時間這樣的概念。同樣是坐禪四十分鐘，有時候會覺得時間一下就過去了，有時候卻覺得很漫長。

坐禪時是不能看時鐘的，在監督者說結束以前要一直坐著。這段期間，我們等於擺脫了時間這個概念的束縛。

有時鐘在手的話，時間就有一個明確的長度了。但沒有時鐘在手，光靠自己的感覺去體驗時間長短，時間就沒有明確的長度了。

快樂的時光過得特別快，痛苦的時光過得特別慢。時間會隨著我們的心情，而有長短不一的感受。

進入修行道場後，很快就會失去星期幾的概念。因為修行沒有計較星期幾的問題，星期六或星期天同樣都要修行。

只是，我們會留意日期。很多活動都是在固定日期舉行，例如每個月的二號、十二號、二十二號是外出托缽日。所以我們會記得日期，至於星期幾就不記得了，而且我們也不介意自己忘記。

在現實生活中，我們擺脫不了時鐘。不過就像我剛才講的，快樂的時光過得特別快，痛苦的時光過得特別慢。

這是沒有辦法的事情，**也不是我們自己能掌控的**。

那麼，順應時光流逝才是最自然的態度。早上一到就乖乖起床，入夜後就趁早睡覺。

曆法是耗費千百年才統計出來的方法，我認為那是很了不起的發明。先人記錄了季節的轉變，還有月亮盈缺等自然變化，將這些資料活用在生活之中。

例如，有個說法是「寒梅開花時適合施肥」。十一月過後氣溫開始變冷，這時候替庭園中的樹木施肥，樹木就會長得特別好。

這不是什麼理論或算計，而是從無數失敗中學到的經驗。先人在什麼樣的時機、剛好用什麼樣的方法成功，就一直被流傳下來了。

曆法是在時光流逝的過程中，不斷嘗試改良出來的。那不是被時間束縛，而是人類依循時間生活的歷史。

現代人的生活被時間束縛，我們總是過得十分匆忙。當然，有時間觀念我們才有辦法跟別人約時間，處理工作才不會延宕。但偶爾順應時間的流逝，不要被時間束縛也是一個不錯的選擇。

對我們和尚來說，坐禪就是這樣的時間。不消說，坐禪也是有人在替我們算時間的，但我們不需要自己偷偷看時鐘，去計較還有多久才會結束。**當你不知道坐禪什麼時候會結束，你就等於擺脫了時鐘的束縛。**

請各位每天安排一段時間，不要在意時鐘吧。

你可能會覺得時間過很快或很慢，但那畢竟是你自己的時間，這樣做心靈也會變得更加從容。

禪棒喝

禪教你早晨不賴床，白天投入工作，夜晚歸零

（原書名：早晨・白天・夜晚的一日禪）

作　　者　平井正修
譯　　者　葉廷昭
社　　長　陳蕙慧
責任編輯　劉偉嘉（初版）、翁淑靜（二版）
校　　對　魏秋綢
封面設計　LILIANGDA
內頁排版　謝宜欣
行銷企劃　陳雅雯、尹子麟、余一霞

讀書共和國集團社長　郭重興
發行人暨出版總監　曾大福
出　　版　木馬文化事業股份有限公司
發　　行　遠足文化事業股份有限公司
231新北市新店區民權路108-4號8樓
電　　話　（02）22181417
傳　　真　（02）86671065
電子信箱　service@bookrep.com.tw
郵撥帳號　19588272木馬文化事業股份有限公司
客服專線　0800-221-029
法律顧問　華洋國際專利商標事務所 蘇文生律師
印　　刷　呈靖彩藝印刷股份有限公司
初　　版　2018年8月
二　　版　2021年9月

定　　價　320元
I S B N　978-626-314-024-0

禪棒喝：禪教你早晨不賴床，白天投入工作，夜晚歸零／平井正修著；葉廷昭譯. -- 二版. -- 新北市：木馬文化事業股份有限公司出版：遠足文化事業股份有限公司，2021.09
面；　公分
譯自：お坊さんにならうこころが調う朝 夜の習慣
ISBN 978-626-314-024-0(平裝)

1. 禪宗 2. 佛教修持

226.65　　110012455